Colección

El Arquero

MEDITACIONES
DEL
QUIJOTE

JOSÉ ORTEGA Y GASSET

MEDITACIONES DEL QUIJOTE

E

IDEAS SOBRE LA NOVELA

3ª edición
en castellano

REVISTA DE OCCIDENTE
Bárbara de Braganza, 12
MADRID

Primera edición: 1914
Tercera edición: 1956

Copyright by
Revista de Occidente, S. A.
Madrid, 1956

Printed in Spain

Ograma (Oficina Gráfica Madrileña). Orense, 16. Madrid.

ÍNDICE

	Págs.
Nota de los editores	XI

MEDITACIONES DEL QUIJOTE

LECTOR 1

MEDITACIÓN PRELIMINAR 28

1. El bosque 29
2. Profundidad y superficie 31
3. Arroyos y oropéndolas 35
4. Trasmundos 38
5. Restauración y erudición 40
6. Cultura mediterránea 45
7. Lo que dijo a Goethe un capitán 51
8. La pantera o del sensualismo 54
9. Las cosas y su sentido 59
10. El concepto 64
11. Cultura.—Seguridad 67
12. La luz como imperativo 69
13. Integración 73
14. Parábola 77
15. La crítica como patriotismo 78

MEDITACIÓN PRIMERA (*Breve tratado de la novela*) 83

1. Géneros literarios 84
2. Novelas ejemplares 86

ÍNDICE

Págs.

3.	Epica	90
4.	Poesía del pasado	92
5.	El rapsoda	95
6.	Helena y Madame Bovary	97
7.	El mito, fermento de la historia	100
8.	Libros de caballerías	102
9.	El retablo de maese Pedro	106
10.	Poesía y realidad	108
11.	La realidad, fermento del mito	111
12.	Los molinos de viento	113
13.	La poesía realista	115
14.	Mimo	118
15.	El héroe	120
16.	Intervención del lirismo	122
17.	La tragedia	124
18.	La comedia	128
19.	La tragicomedia	132
20.	Flaubert, Cervantes, Darwin	134

IDEAS SOBRE LA NOVELA

Decadencia del género	142
Autopsia	146
No definir	148
La novela, género moroso	150
Función y substancia	153
Dos teatros	153
Dostoievsky y Proust	159
Acción y contemplación	166
La novela como «vida provinciana»	174
Hermetismo	178
La novela, género tupido	183
Decadencia y perfección	186
Psicología imaginaria	189
Envío	192

E*N esta colección de «El Arquero»—iniciada con la publicación de* La rebelión de las masas *y* El tema de nuestro tiempo—*se editará, en tomos sueltos y económicos, toda la obra de José Ortega y Gasset. En ella no aparecerá solamente toda su producción reunida anteriormente en los libros publicados durante su vida, sino también multitud de ensayos, estudios y artículos que, desde los diarios y revistas donde vieron la luz, pasaron directamente, por orden cronológico, a los seis tomos de sus* Obras completas, *sin el trámite de su previa publicación en volúmenes independientes. Estos trabajos se reunirán en varios tomos de «El Arquero» según sus temas: Filosofía, Literatura, Viajes, etc. Pero algunos de ellos se agregarán a los libros primitivos por su estrecha relación con ellos, al mismo tiempo que desprenderemos de estos libros algunos estudios para agruparlos en forma distinta y constituir tomos de contenido más homogéneo.*

Esta es la razón de que en el presente volumen acompañen a las Meditaciones del Quijote, *editadas por primera vez en 1914, las* «Ideas sobre la novela», *aparecidas como segunda parte del libro* La deshumanización del arte *en 1925, por ser en realidad* una continuación y ampliación a la primera de aquellas «Meditaciones» subtitulada «Breve tratado sobre la novela».

El orden en que aparecerán los amarillos volúmenes de «El Arquero» no será el cronológico de la producción del autor, sino el azaroso que reclame la demanda del público lector.

Los Editores.

LECTOR...

Bajo el título *Meditaciones* anuncia este primer volumen unos ensayos de varia lección que va a publicar un profesor de Filosofía *in partibus infidelium*. Versan unos—como esta serie de *Meditaciones del Quijote*—sobre temas de alto rumbo; otros sobre temas más modestos; algunos sobre temas humildes; todos, directa o indirectamente, acaban por referirse a las circunstancias españolas. Estos ensayos son para el autor—como la cátedra, el periódico o la política—modos diversos de ejercitar una misma actividad, de dar salida a un mismo afecto. No pretendo que esta actividad sea reconocida como la más importante en el mundo; me considero ante mí mismo justificado al advertir que es la única de que soy capaz. El afecto que a ella me mueve es el más vivo que encuentro en mi corazón. Resucitando el lindo nombre que usó Spinoza, yo le llamaría *amor intellectualis*. Se trata, pues, lector, de unos ensayos de amor intelectual.

Carecen por completo de valor informativo; no son tampoco epítomes—son más bien lo que un humanista del siglo XVII hubiera denominado «salvaciones». Se busca en ellos lo siguiente: dado un hecho —un hombre, un libro, un cuadro, un paisaje, un error, un dolor—, llevarlo por el camino más corto a la plenitud de su significado. Colocar las materias de todo orden, que la vida, en su resaca perenne, arroja a nuestros pies como restos inhábiles de un naufragio, en postura tal que dé en ellos el sol innumerables reverberaciones.

Hay dentro de toda cosa la indicación de una posible plenitud. Un alma abierta y noble sentirá la ambición de perfeccionarla, de auxiliarla, para que logre esa su plenitud. Esto es amor—el amor a la perfección de lo amado.

Es frecuente en los cuadros de Rembrandt que un humilde lienzo blanco o gris, un grosero utensilio de menaje se halle envuelto en una atmósfera lumínica e irradiante, que otros pintores vierten sólo en torno a las testas de los santos. Y es como si nos dijera en delicada amonestación: ¡Santificadas sean las cosas! ¡Amadlas, amadlas! Cada cosa es un hada que reviste de miseria y vulgaridad sus tesoros interiores, y es una virgen que ha de ser enamorada para hacerse fecunda.

La «salvación» no equivale a loa ni ditirambo; puede haber en ella fuertes censuras. Lo importante es que el tema sea puesto en relación inmediata con las corrientes elementales del espíritu, con los motivos clásicos de la humana preocupación. Una vez entretejido con ellos queda transfigurado, transubstanciado, salvado.

Va, en consecuencia, fluyendo bajo la tierra espiritual de estos ensayos, riscosa a veces y áspera—con rumor ensordecido, blando, como si temiera ser oída demasiado claramente—, una doctrina de amor.

Yo sospecho que, merced a causas desconocidas, la morada íntima de los españoles fué tomada tiempo hace por el odio, que permanece allí artillado, moviendo guerra al mundo. Ahora bien, el odio es un afecto que conduce a la aniquilación de los valores. Cuando odiamos algo, ponemos entre ello y nuestra intimidad un fiero resorte de acero que impide la fusión, siquiera transitoria, de la cosa con nuestro espíritu. Sólo existe para nosotros aquel punto de ella donde nuestro resorte de odio se fija; todo lo demás, o nos es desconocido, o lo vamos olvidando, haciéndolo ajeno a nosotros. Cada instante va siendo el objeto menos, va consumiéndose, perdiendo valor. De esta suerte se ha convertido para el español el universo en una cosa rígida, seca, sórdida y desierta. Y cruzan nuestras almas por la vida haciéndole una agria mueca, suspicaces y fugitivas como largos canes hambrientos. Entre las páginas simbólicas de toda una edad española, habrá siempre que incluir aquellas tremendas donde Mateo Alemán dibuja la alegoría del Descontento.

Por el contrario, el amor nos liga a las cosas, aun cuando sea pasajeramente. Pregúntese el lector, ¿qué carácter nuevo sobreviene a una cosa cuando se vierte sobre ella la calidad de amada? ¿Qué es lo que sentimos cuando amamos una mujer, cuando amamos la ciencia, cuando amamos la patria? Y antes que otra nota hallaremos ésta: aquello que decimos amar se nos presenta como algo imprescindible. Lo amado es, por lo pronto, lo que nos parece imprescindible. ¡Imprescindible! Es decir, que no podemos vivir sin ello, que no podemos admitir una vida donde nosotros existiéramos y lo amado no —que lo consideramos como una parte de nosotros mismos. Hay, por consiguiente, en el amor una ampliación de la individualidad que absorbe otras cosas dentro de ésta, que las funde con nosotros. Tal ligamen y compenetración nos hace internarnos profundamente en las propiedades de lo amado. Lo vemos entero, se nos revela en todo su valor. Entonces advertimos que lo amado es, a su vez, parte de otra cosa, que necesita de ella, que está ligado a ella. Imprescindible para lo amado, se hace también imprescindible para nosotros. De este modo va ligando el amor cosa a cosa y todo a nosotros, en firme estructura esencial. Amor es un divino arquitecto que bajó al mundo, según Platón, ὥστε τό πᾶν αὐτό αὐτῷ ξυνδεδέσθαι —«a fin de que todo en el universo viva en conexión».

La inconexión es el aniquilamiento. El odio que fabrica inconexión, que aísla y desliga, atomiza el orbe y pulveriza la individualidad. En el mito caldeo de Izdubar-Nimrod, viéndose la diosa Isthar, semi-Juno, semi-Afrodita, desdeñada por éste, amenaza a Anu, dios del cielo, con destruir todo lo creado sin más que suspender un instante las leyes del amor que junta a los seres, sin más que poner un calderón en la sinfonía del erotismo universal.

Los españoles ofrecemos a la vida un corazón blindado de rencor, y las cosas, rebotando en él, son despedidas cruelmente. Hay en derredor nuestro, desde hace siglos, un incesante y progresivo derrumbamiento de los valores.

LECTOR...

Pudiéramos decirnos lo que un poeta satírico del siglo XVII dice contra Murtola, autor de un poema *Della creatione del mondo:*

> *Il creator di nulla fece il tutto,*
> *Costui del tutto un nulla, e in conclusione,*
> *L'un fece il mondo e l'altro l'ha distrutto.*

Yo quisiera proponer en estos ensayos a los lectores más jóvenes que yo, únicos a quienes puedo, sin inmodestia, dirigirme personalmente, que expulsen de sus ánimos todo hábito de odiosidad y aspiren fuertemente a que el amor vuelva a administrar el universo.

Para intentar esto no hay en mi mano otro medio que presentarles sinceramente el espectáculo de un hombre agitado por el vivo afán de comprender. Entre las varias actividades de amor sólo hay una que pueda yo pretender contagiar a los demás: el afán de comprensión. Y habría henchido todas mis pretensiones si consiguiera tallar en aquella mínima porción del alma española que se encuentra a mi alcance algunas facetas nuevas de sensibilidad ideal. Las cosas no nos interesan porque no hallan en nosotros superficies favorables donde refractarse, y es menester que multipliquemos los haces de nuestro espíritu a fin de que temas innumerables lleguen a herirle.

Llámase en un diálogo platónico a este afán de comprensión ἐροτική μανία, «locura de amor». Pero aunque no fuera la forma originaria, la génesis y culminación de todo amor un ímpetu de comprender las cosas, creo que es su síntoma forzoso. Yo desconfío del amor de un hombre a su amigo o a su bandera cuando no le veo esforzarse en comprender al enemigo o a la bandera hostil. Y he observado que, por lo menos, a nosotros los españoles nos es más fácil enardecernos por un dogma moral que abrir nuestro pecho a las exigencias de la veracidad. De mejor grado entregamos definitivamente nuestro albedrío a una actitud moral rígida, que mantenemos siempre abierto nuestro juicio, presto en todo momento a la reforma y corrección debidas. Diríase que abrazamos el imperativo moral como un arma para simplificarnos la vida aniquilando porciones inmensas del orbe. Con aguda mirada, ya había Nietzsche descubierto en ciertas actitudes morales formas y productos del rencor.

Nada que de éste provenga puede sernos simpático. El rencor es una emanación de la conciencia de inferioridad. Es la supresión imaginaria de quien no podemos con nuestras propias fuerzas realmente suprimir. Lleva en nuestra fantasía aquel por quien sentimos rencor, el aspecto lívido de un cadáver; lo hemos matado, aniquilado, con la intención. Y luego, al hallarlo en la realidad firme y tranquilo, nos parece un muerto indócil, más fuerte que nuestros poderes, cuya existencia significa la burla personificada, el desdén viviente hacia nuestra débil condición.

Una manera más sabia de esta muerte anticipada que da a su enemigo el rencoroso, consiste en dejarse penetrar de un dogma moral, donde, alcoholizados por cierta ficción de heroísmo, lleguemos a creer que el enemigo no tiene ni un adarme de razón ni una tilde de derecho. Conocido y simbólico es el caso de aquella batalla contra los marcomanos en que echó Marco Aurelio por delante de sus soldados los leones del circo. Los enemigos retrocedieron espantados. Pero su caudillo, dando una gran voz, les dijo: «¡No temáis! ¡Son perros romanos!» Aquietados, los temerosos se revolvieron en victoriosa embestida. El amor combate también, no vegeta en la paz turbia de los compromisos; pero combate a los leones como leones y sólo llama perros a los que lo son.

Esta lucha con un enemigo a quien se comprende, es la verdadera tolerancia, la actitud propia de toda alma robusta. ¿Por qué en nuestra raza tan poco frecuente? José de Campos, aquel pensador del siglo XVIII, cuyo libro más interesante ha descubierto *Azorín*, escribía: «Las virtudes de condescendencia son escasas en los pueblos pobres.» Es decir, en los pueblos débiles.

Espero que al leer esto nadie derivará la consecuencia de serme indiferente el ideal moral. Yo no desdeño la moralidad en beneficio de un frívolo jugar con las ideas. Las doctrinas inmoralistas que hasta ahora han llegado a mi conocimiento carecen de sentido común. Y a decir verdad, yo no dedico mis esfuerzos a otra cosa que a ver si logro poseer un poco de sentido común.

Pero, en reverencia del ideal moral, es preciso que combatamos sus mayores enemigos, que son las moralidades perversas. Y en mi entender—y no sólo en el mío—, lo son todas las morales utilitarias. Y no limpia a una moral del vicio utilitario dar un sesgo de rigidez a sus prescripciones. Conviene que nos mantengamos en guardia contra la rigidez, librea tradicional de las hipocresías. Es falso, es inhumano, es inmoral, filiar en la rigidez los rasgos fisonómicos de la bondad. En fin, no deja de ser utilitaria una moral porque ella no lo sea, si el individuo que la adopta la maneja utilitariamente para hacerse más cómoda y fácil la existencia.

Todo un linaje de los más soberanos espíritus viene pugnando siglo tras siglo para que purifiquemos nuestro ideal ético, haciéndolo cada vez más delicado y complejo, más cristalino y más íntimo. Gracias a ellos hemos llegado a no confundir el bien con el material cumplimiento de normas legales, una vez para siempre adoptadas, sino que, por el contrario, sólo nos parece moral un ánimo que antes de cada nueva acción trata de renovar el contacto inmediato con el valor ético en persona. Decidiendo nuestros actos en virtud de recetas dogmáticas intermediarias, no puede descender a ellos el carácter de bondad, exquisito y volátil como el más quintaesencial aroma. Este puede sólo verterse en ellos directamente de la intuición viva y siempre como nueva de lo perfecto. Por tanto, será inmoral toda moral que no impere entre sus deberes el deber primario de hallarnos dispuestos constantemente a la reforma, corrección y aumento del ideal ético. Toda ética que ordene la reclusión perpetua de nuestro albedrío dentro de un sistema cerrado de valoraciones es *ipso facto* perversa. Como en las constituciones civiles que se llaman «abiertas», ha de existir en ella un principio que mueva a la ampliación y enriquecimiento de la experiencia moral. Porque es el bien, como la naturaleza, un paisaje inmenso donde el hombre avanza en secular exploración. Con elevada conciencia de esto, Flaubert escribía una vez: «El ideal sólo es fecundo»—entiéndase moralmente fecundo—«cuando se hace entrar todo en él. Es un trabajo de amor y no de exclusión.»

No se opone, pues, en mi alma, la comprensión a la moral. Se opone a la moral perversa la moral integral para quien es la comprensión un claro y primario deber. Merced a él crece indefinidamente nuestro radio de cordialidad, y, en consecuencia, nuestras probabilidades de ser justos. Hay en el afán de comprender concentrada toda una actitud religiosa. Y, por mi parte, he de confesar que, a la mañana, cuando me levanto, recito una brevísima plegaria, vieja de miles de años, un versillo del Rig-Veda, que contiene estas pocas palabras aladas: «¡Señor, despiértanos alegres y danos conocimiento!» Preparado así, me interno en las horas luminosas o dolientes que trae el día.

¿Es, por ventura, demasiado oneroso este imperativo de la comprensión? ¿No es, acaso, lo menos que podemos hacer en servicio de algo, comprenderlo? ¿Y quién, que sea leal consigo mismo, estará seguro de hacer lo más sin haber pasado por lo menos?

En este sentido considero que es la filosofía la ciencia general del amor; dentro del globo intelectual representa el mayor ímpetu hacia una omnímoda conexión. Tanto que se hace en ella patente un matiz de diferencia entre el comprender y el mero saber.

¡Sabemos tantas cosas que no comprendemos! Toda la sabiduría de hechos es, en rigor, incomprensiva, y sólo puede justificarse entrando al servicio de una teoría.

La filosofía es idealmente lo contrario de la noticia, de la erudición. Lejos de mí desdeñar ésta; fué, sin duda, el saber noticioso un modo de la ciencia. Tuvo su hora. Allá en tiempos de Justo Lipsio, de Huet, o de Casaubon, no había encontrado el conocimiento filológico métodos seguros para descubrir en las masas torrenciales de hechos históricos la unidad de su sentido. No podía ser la investigación directamente investigación de la unidad oculta en los fenómenos. No había otro remedio que dar una cita casual en la memoria de un individuo al mayor cúmulo posible de noticias. Dotándolas así de una unidad externa—la unidad que hoy llamamos «cajón de sastre»—, podía esperarse que entraran unas con otras en espontáneas asociaciones, de las cuales saliera alguna luz. Esta unidad de los hechos, no en sí mismos, sino en la cabeza de un sujeto, es la erudición. Volver a ella en nuestra edad, equivaldría a una regresión de la filología, como si la química tornara a la alquimia o la medicina a la magia. Poco a poco se van haciendo más raros los meros eruditos, y pronto asistiremos a la desaparición de los últimos mandarines.

Ocupa, pues, la erudición el extrarradio de la ciencia, porque se limita a acumular hechos, mientras la filosofía constituye su aspiración céntrica, porque es la pura síntesis. En la acumulación, los datos son sólo colegidos, y formando un montón, afirma cada cual su independencia, su inconexión. En la síntesis de hechos, por el contrario, desaparecen éstos como un alimento bien asimilado y queda de ellos sólo su vigor esencial.

Sería la ambición postrera de la filosofía llegar a una sola proposición en que se dijera toda la verdad. Así, las mil y doscientas páginas de la *Lógica* de Hegel son sólo preparación para poder pronunciar, con toda la plenitud de su significado, esta frase: «La idea es lo absoluto.» Esta frase, en apariencia tan pobre, tiene en realidad un sentido literalmente infinito. Y al pensarla debidamente, todo este tesoro de significación explota de un golpe, y de un golpe vemos esclarecida la enorme perspectiva del mundo. A esta iluminación máxima llamaba yo comprender. Podrá ser tal o tal fórmula un error, podrán serlo cuantas se han ensayado; pero de sus ruinas como doctrinal, renace indeleble la filosofía como aspiración, como afán.

El placer sexual parece consistir en una súbita descarga de energía nerviosa. La fruición estética es una súbita descarga de emociones alusivas. Análogamente es la filosofía como una súbita descarga de intelección.

Estas *Meditaciones*, exentas de erudición—aun en el buen sentido que pudiera dejarse a la palabra—, van empujadas por filosóficos deseos. Sin embargo, yo agradecería al lector que no entrara en su lectura con demasiadas exigencias. No son filosofía, que es ciencia. Son simplemente unos ensayos. Y el ensayo es la ciencia, menos la prueba explícita. Para el escritor hay una cuestión de honor intelectual en no escribir nada susceptible de prueba sin poseer antes ésta. Pero le es lícito borrar de su obra toda apariencia apodíctica, dejando las comprobaciones meramente indicadas, en elipse, de modo que quien las necesite pueda encontrarlas y no estorben, por otra parte, la expansión del íntimo calor con que los pensamientos fueron pensados. Aun los libros de intención exclusivamente científica comienzan a escribirse en estilo menos didáctico y de remediavagos; se suprime en lo posible las notas al pie, y el rígido aparato mecánico de la prueba es disuelto en una elocución más orgánica, movida y personal.

Con mayor razón habrá de hacerse así en ensayos de este género, donde las doctrinas, bien que convicciones científicas para el autor, no pretenden ser recibidas por el lector como verdades. Yo sólo ofrezco *modi res considerandi,* posibles maneras nuevas de mirar las cosas. Invito al lector a que las ensaye por sí mismo; que experimente si, en efecto, proporcionan visiones fecundas; él, pues, en virtud de su íntima y leal experiencia, probará su verdad o su error.

En mi intención llevan estas ideas un oficio menos grave que el científico: no han de obstinarse en que otros las adopten, sino meramente quisieran despertar en almas hermanas otros pensamientos hermanos, aun cuando fueren hermanos enemigos. Pretexto y llamamiento a una amplia colaboración ideológica sobre los temas nacionales, nada más.

Al lado de gloriosos asuntos, se habla muy frecuentemente en estas *Meditaciones* de las cosas más nimias. Se atiende a detalles del paisaje español, del modo de conversar de los labriegos, del giro de las danzas y cantos populares, de los colores y estilos en el traje y en los utensilios, de las peculiaridades del idioma, y, en general, de las manifestaciones menudas donde se revela la intimidad de una raza.

Poniendo mucho cuidado en no confundir lo grande y lo pequeño; afirmando en todo momento la necesidad de la jerarquía, sin la cual el cosmos vuelve al caos, considero de urgencia que dirijamos también nuestra atención reflexiva, nuestra meditación, a lo que se halla cerca de nuestra persona.

El hombre rinde el máximum de su capacidad cuando adquiere la plena conciencia de sus circunstancias. Por ellas comunica con el universo.

¡La circunstancia! *¡Circum-stantia!* ¡Las cosas mudas que están en nuestro próximo derredor! Muy cerca, muy cerca de nosotros levantan sus tácitas fisonomías con un gesto de humildad y de anhelo, como menesterosas de que aceptemos su ofrenda y a la par avergonzadas por la simplicidad aparente de su donativo. Y marchamos entre ellas ciegos para ellas, fija la mirada en remotas empresas, proyectados hacia la conquista de lejanas ciudades esquemáticas. Pocas lecturas me han movido tanto como esas historias donde el héroe avanza raudo y recto, como un dardo, hacia una meta gloriosa, sin parar mientes que va a su vera, con rostro humilde y suplicante, la doncella anónima que le ama en secreto, llevando en su blanco cuerpo un corazón que arde por él, ascua amarilla y roja donde en su honor se queman aromas. Quisiéramos hacer al héroe una señal para que inclinara un momento su mirada hacia aquella flor encendida de pasión que se alza a sus pies. Todos, en varia medida, somos héroes y todos suscitamos en torno humildes amores.

> *Yo un luchador he sido,*
> *y esto quiere decir que he sido un hombre,*

prorrumpe Goethe. Somos héroes, combatimos siempre por algo lejano y hollamos a nuestro paso aromáticas violetas.

En el *Ensayo sobre la limitación*, se detiene el autor con delectación morosa a meditar sobre este tema. Creo muy seriamente que uno de los cambios más hondos del siglo actual con respecto al XIX, va a consistir en la mutación de nuestra sensibilidad para las circunstancias. Yo no sé qué inquietud y como apresuramiento reinaba en la pasada centuria —en su segunda mitad sobre todo— que impelía los ánimos a desatender todo lo inmediato y momentáneo de la vida. Conforme la lejanía va dando al siglo último una figura más sintética, se nos manifiesta mejor su carácter esencialmente político. Hizo en él la humanidad occidental el aprendizaje de la política, género de vida hasta entonces reducido a los ministros y los consejos palatinos. La preocupación política, es decir, la conciencia y actividad de lo social, derrámase sobre las muchedumbres merced a la democracia. Y con un fiero exclusivismo ocuparon el primer plano de la atención los problemas de la vida social. Lo otro, la vida individual, quedó relegada, como si fuera cuestión poco seria e intranscendente. Es sobremanera significativo que la única poderosa afirmación de lo individual en el siglo XIX —el «individualismo»—fuera una doctrina política, es decir, social, y que toda su afirmación consistía en pedir que no se aniquilara al individuo. ¿Cómo dudar de que un día próximo parecerá esto increíble?

Todas nuestras potencias de seriedad las hemos gastado en la administración de la sociedad, en el robustecimiento del Estado, en la cultura social, en las luchas sociales, en la ciencia en cuanto técnica que enriquece la vida colectiva. Nos hubiera parecido frívolo dedicar una parte de nuestras mejores energías—y no solamente los residuos—a organizar en torno nuestro la amistad, a construir un amor perfecto, a ver en el goce de las cosas una dimensión de la vida que merece ser cultivada con los procedimientos superiores. Y como ésta, multitud de necesidades privadas que ocultan avergonzados sus rostros en los rincones del ánimo porque no se las quiere otorgar ciudadanía; quiero decir, sentido cultural.

En mi opinión, toda necesidad, si se la potencia, llega a convertirse en un nuevo ámbito de cultura. Bueno fuera que el hombre se hallara siempre reducido a los valores superiores descubiertos hasta aquí: ciencia y justicia, arte y religión. A su tiempo nacerá un Newton del placer y un Kant de las ambiciones.

La cultura nos proporciona objetos ya purificados, que alguna vez fueron vida espontánea e inmediata, y hoy, gracias a la labor reflexiva, parecen libres del espacio y del tiempo, de la corrupción y del capricho. Forman como una zona de vida ideal y abstracta, flotando sobre nuestras existencias personales siempre azarosas y problemáticas. Vida individual, lo inmediato, la circunstancia, son diversos nombres para una misma cosa: aquellas porciones de la vida de que no se ha extraído todavía el espíritu que encierran, su *logos*.

Y como espíritu, *logos* no son más que «sentido», conexión, unidad, todo lo individual, inmediato y circunstante, parece casual y falto de significación.

Debiéramos considerar que así la vida social como las demás formas de la cultura, se nos dan bajo la especie de vida individual, de lo inmediato. Lo que hoy recibimos ya ornado con sublimes aureolas, tuvo a su tiempo que estrecharse y encogerse para pasar por el corazón de un hombre. Cuanto es hoy reconocido como verdad, como belleza ejemplar, como altamente valioso, nació un día en la entraña espiritual de un individuo, confundido con sus cacaprichos y humores. Es preciso que no hieraticemos la cultura adquirida, preocupándonos más de repetirla que de aumentarla.

El acto específicamente cultural es el creador, aquel en que extraemos el *logos* de algo que todavía era insignificante (*i-logico*). La cultura adquirida sólo tiene valor como instrumento y arma de nuevas conquistas. Por esto, en comparación con lo inmediato, con nuestra vida espontánea, todo lo que hemos aprendido parece abstracto, genérico, esquemático. No sólo lo parece: lo es. El martillo es la abstracción de cada uno de sus martillazos.

Todo lo general, todo lo aprendido, todo lo logrado en la cultura, es solo la vuelta táctica que hemos de tomar para convertirnos a lo inmediato. Los que viven junto a una catarata no perciben su estruendo; es necesario que pongamos una distancia entre lo que nos rodea inmediatamente y nosotros, para que a nuestros ojos adquiera sentido.

Los egipcios creían que el Valle del Nilo era todo el mundo. Semejante afirmación de la circunstancia es monstruosa, y, contra lo que pudiera parecer, depaupera su sentido. Ciertas almas manifiestan su debilidad radical cuando no logran interesarse por una cosa, si no se hacen la ilusión de que es ella todo o es lo mejor del mundo. Este idealismo mucilaginoso y pueril debe ser raído de nuestra conciencia. No existen más que partes en realidad; el todo es la abstracción de las partes y necesita de ellas. Del mismo modo no puede haber algo mejor sino donde hay otras cosas buenas, y sólo interesándonos por éstas cobrará su rango lo mejor. ¿Qué es un capitán sin soldados?

¿Cuándo nos abriremos a la convicción de que el ser difinitivo del mundo no es materia ni es alma, no es cosa alguna determinada, sino una perspectiva? Dios es la perspectiva y la jerarquía: el pecado de Satán fué un error de perspectiva.

Ahora bien, la perspectiva se perfecciona por la multiplicación de sus términos y la exactitud con que reaccionemos ante cada uno de sus rangos. La intuición de los valores superiores fecunda nuestro contacto con los mínimos, y el amor hacia lo próximo y menudo da en nuestros pechos realidad y eficacia a lo sublime. Para quien lo pequeño no es nada, no es grande lo grande.

Hemos de buscar para nuestra circunstancia, tal y como ella es, precisamente en lo que tiene de limitación, de peculiaridad, el lugar acertado en la inmensa perspectiva del mundo. No detenernos perpetuamente en éxtasis ante los valores hieráticos, sino conquistar a nuestra vida individual el puesto oportuno entre ellos. En suma: la reabsorción de la circunstancia es el destino concreto del hombre.

Mi salida natural hacia el universo se abre por los puertos del Guadarrama o el campo de Ontígola. Este sector de realidad circunstante forma la otra mitad de mi persona: sólo al través de él puedo integrarme y ser plenamente yo mismo. La ciencia biológica más reciente estudia el organismo vivo como una unidad compuesta del cuerpo y su medio particular: de modo que el proceso vital no consiste sólo en una adaptación del cuerpo a su medio, sino también en la adaptación del medio a su cuerpo. La mano procura amoldarse al objeto material a fin de apresarlo bien; pero, a la vez, cada objeto material oculta una previa afinidad con una mano determinada.

Yo soy yo y mi circunstancia, y si no la salvo a ella no me salvo yo. *Benefac loco illi quo natus es,* leemos en la Biblia. Y en la escuela platónica se nos da como empresa de toda cultura, ésta: «salvar las apariencias», los fenómenos. Es decir, buscar el sentido de lo que nos rodea.

Preparados los ojos en el mapamundi, conviene que los volvamos al Guadarrama. Tal vez nada profundo encontremos. Pero estemos seguros de que el defecto y la esterilidad provienen de nuestra mirada. Hay también un *logos* del Manzanares: esta humildísima ribera, esta líquida ironía que lame los cimientos de nuestra urbe, lleva, sin duda, entre sus pocas gotas de agua, alguna gota de espiritualidad.

Pues no hay cosa en el orbe por donde no pase algún nervio divino: la dificultad estriba en llegar hasta él y hacer que se contraiga. A los amigos que vacilan en entrar a la cocina donde se encuentra, grita Heráclito: «¡Entrad, entrad! También aquí hay dioses.» Goethe escribe a Jacobi en una de sus excursiones botánico-geológicas: «Heme aquí subiendo y bajando cerros y buscando lo divino *in herbis et lapidibus*.» Se cuenta de Rousseau que herborizaba en la jaula de su canario, y Fabre, quien lo refiere, escribe un libro sobre los animalillos que habitaban en las patas de su mesa de escribir.

Nada impide el heroísmo—que es la actividad del espíritu—tanto como considerarlo adscrito a ciertos contenidos específicos de la vida. Es menester que dondequiera subsista subterránea la posibilidad del heroísmo, y que todo hombre, si golpea con vigor la tierra donde pisan sus plantas, espere que salte una fuente. Para Moisés el Héroe, toda roca es hontanar.

Para Giordano Bruno: *est animal sanctum, sacrum et venerabile, mundus.*

Pío Baroja y *Azorín* son dos circunstancias nuestras, y a ellas dedico sendos ensayos[1]. *Azorín* nos ofrece ocasión para meditar, con sesgo diverso al que

---

[1] Han aparecido en los tomos I y II de *El Espectador*, bajo los títulos «Ideas sobre Pío Baroja» y «*Azorín*: primores de lo vulgar».

acabo de decir, sobre las menudencias y sobre el valor del pasado. Respecto a lo primero, es hora ya de que resolvamos la latente hipocresía del carácter moderno, que finge interesarse únicamente por ciertas convenciones sagradas—ciencia o arte o sociedad—, y reserva, como no podía menos, su más secreta intimidad para lo nimio y aun lo fisiológico. Porque esto es un hecho: cuando hemos llegado hasta los barrios bajos del pesimismo y no hallamos nada en el universo que nos parezca una afirmación capaz de salvarnos, se vuelven los ojos hacia las menudas cosas del vivir cotidiano—como los moribundos recuerdan al punto de la muerte toda suerte de nimiedades que les acaecieron. Vemos, entonces, que no son las *grandes cosas,* los grandes placeres ni las grandes ambiciones quienes nos retienen sobre el haz de la vida, sino este minuto de bienestar junto a un hogar en invierno, esta grata sensación de un copa de licor que bebemos, aquella manera de pisar el suelo, cuando camina, de un moza gentil, que no amamos ni conocemos; tal ingeniosidad, que el amigo ingenioso nos dice con su buena voz de costumbre. Me parece muy humano el suceso de quien, desesperado, fué a ahorcarse a un árbol, y cuando se echaba la cuerda al cuello sintió el aroma de una rosa que abría al pie del tronco, y no se ahorcó.

Hay aquí un secreto de las bases de vitalidad que, por decencia, debe el hombre contemporáneo meditar y comprender; hoy se limita a ocultarlo, a apartar de él la vista, como sobre tantos otros poderes oscuros—la inquietud sexual, por ejemplo—, que, a vuelta de sigilos e hipocresías, acaban por triunfar en la conducta de su vida. Lo infrahumano perdura en el hombre: ¿cuál puede ser para el hombre el sentido de esa perduración? ¿Cuál es el *logos,* la postura clara que hemos de tomar ante esa emoción expresada por Shakespeare en una de sus comedias, con palabras tan íntimas, cordiales y sinceras, que parecen gotear de uno de sus sonetos? «Mi gravedad —dice un personaje en *Measure for measure*—, mi gravedad, de que tanto me enorgullezco, cambiaríala con gusto por ser esta leve pluma que el aire mueve ahora como vano juguete.» ¿No es éste un deseo indecente? *Eppur*...!

Respecto al pasado, tema estético de *Azorín,* hemos de ver en él uno de los terribles morbos nacionales. En la *Antropología,* de Kant, hay una observación tan honda y tan certera sobre España, que, al tropezarla, se sobrecoge el ánimo. Dice Kant que los turcos cuando viajan suelen caracterizar los países según su vicio genuino, y que, usando de esta manera, él compondría la tabla siguiente: 1.º Tierra de las modas *(Francia).* 2.º Tierra del mal humor *(Inglaterra).* 3.º Tierra de los antepasados *(España).* 4.º Tierra de la ostentación *(Italia).* 5.º Tierra de los títulos *(Alemania).* 6.º Tierra de los señores *(Polonia).*

¡Tierra de los antepasados...! Por lo tanto, no nuestra, no libre propiedad de los españoles actuales. Los que antes pasaron siguen gobernándonos y forman una oligarquía de la muerte, que nos oprime. «Sábelo —dice el criado en las *Coéforas*—, los muertos matan a los vivos.»

Es esta influencia del pasado sobre nuestra raza una cuestión de las más delicadas. Al través de ella descubriremos la mecánica psicológica del reaccionarismo español. Y no me refiero al político, que es sólo una manifestación, la menos honda y significativa de la general constitución reaccionaria de nuestro espíritu. Columbraremos en este ensayo cómo el reaccionarismo radical no se caracteriza en última instancia por su desamor a la modernidad, sino por la manera de tratar el pasado.

Toléresenos, a beneficio de concisión, una fórmula paradójica: la muerte de lo muerto es la vida. Sólo un modo hay de dominar el pasado, reino de las cosas fenecidas: abrir nuestras venas e inyectar de su sangre en las venas vacías de los muertos. Esto es lo que no puede el reaccionario: tratar el pasado como un modo de la vida. Lo arranca de la esfera de la vitalidad, y, bien muerto, lo sienta en su trono para que rija las almas. No es casual que los celtíberos llamaran la atención en el tiempo antiguo, por ser el único pueblo que adoraba la muerte.

Esta incapacidad de mantener vivo el pasado, es el rasgo verdaderamente reaccionario. La antipatía hacia lo nuevo parece, en cambio, común a otros temperamentos psicológicos. ¿Es, por ventura, reaccionario Rossini por no haber querido viajar jamás en tren y rodar Europa en su coche de alegres cascabeles? Lo grave es otra cosa: tenemos los ámbitos del alma infeccionados, y como los pájaros al volar sobre los miasmas de una marisma, cae muerto el pasado dentro de nuestras memorias.

En Pío Baroja tendremos que meditar sobre la felicidad y sobre la «acción»; en realidad, tendremos que hablar un poco de todo. Porque este hombre, más bien que un hombre, es una encrucijada.

Por cierto que, tanto en este ensayo sobre Baroja, como en los que se dedican a Goethe y Lope de Vega, a Larra, y aun en algunas de estas *Meditaciones del Quijote*, acaso parezca al lector que se habla relativamente poco del tema concreto a que se refieren. Son, en efecto, estudios de crítica; pero yo creo que no es la misión importante de ésta tasar las obras literarias, distribuyéndolas en buenas o malas. Cada día me interesa menos sentenciar; a ser juez de las cosas, voy prefiriendo ser su amante.

Veo en la crítica un fervoroso esfuerzo para potenciar la obra elegida. Todo lo contrario, pues, de lo que hace Sainte-Beuve cuando nos lleva de la obra al autor, y luego pulveriza a éste en una llovizna de anécdotas. La crítica no es biografía ni se justifica como labor independiente, si no se propone completar la obra. Esto quiere decir, por lo pronto, que el crítico ha de introducir en su trabajo todos aquellos utensilios sentimentales e ideológicos merced a los cuales puede el lector medio recibir la impresión más intensa y clara de la obra que sea posible. Procede orientar la crítica en un sentido afirmativo y dirigirla, más que a corregir al autor, a dotar al lector de un órgano visual más perfecto. La obra se completa completando su lectura.

Así, por un estudio crítico sobre Pío Baroja, entiendo el conjunto de puntos de vista desde los cuales sus libros adquieren una significación potenciada. No extrañe, pues, que se hable poco del autor y aun de los detalles de su producción; se trata precisamente de reunir todo aquello que no está en él, pero que lo completa, de proporcionarle la atmósfera más favorable.

En las *Meditaciones del Quijote* intento hacer un estudio del quijotismo. Pero hay en esta palabra un equívoco. Mi quijotismo no tiene nada que ver con la mercancía bajo tal nombre ostentada en el mercado. *Don Quijote* puede significar dos cosas muy distintas: *Don Quijote* es un libro y Don Quijote es un personaje de ese libro. Generalmente, lo que en bueno o en mal sentido se entiende por «quijotismo», es el quijotismo del personaje. Estos ensayos, en cambio, investigan el quijotismo del libro.

La figura de Don Quijote, plantada en medio de la obra como una antena que recoge todas las alusiones, ha atraído la atención exclusivamente, en perjuicio del resto de ella, y, en consecuencia, del personaje mismo. Cierto; con un poco de amor y otro poco de modestia—sin ambas cosas no—, podría componerse una parodia sutil de los *Nombres de Cristo,* aquel lindo libro de simbolización románica que fué urdiendo Fray Luis con teológica voluptuosidad en el huerto de la Flecha. Podrían escribirse unos *Nombres de Don Quijote*. Porque en cierto modo es Don Quijote la parodia triste de un cristo más divino y sereno: es él un cristo gótico, macerado en angustias modernas; un cristo ridículo de nuestro barrio, creado por una imaginación dolorida que perdió su inocencia y su voluntad y anda buscando otras nuevas. Cuando se reúnen unos cuantos españoles sensibilizados por la miseria ideal de su pasado, la sordidez de su presente y la acre hostilidad de su porvenir, desciende entre ellos Don Quijote, y el calor fundente de su fisonomía disparatada, compagina aquellos corazones dispersos, los ensarta como un hilo espiritual, los nacionaliza, poniendo tras sus amarguras personales un comunal dolor étnico. «¡Siempre que estéis juntos—murmuraba Jesús—, me hallaréis entre vosotros!»

Sin embargo, los errores a que ha llevado considerar aisladamente a Don Quijote son verdaderamente grotescos. Unos, con encantadora previsión, nos proponen que no seamos Quijotes; y otros, según la moda más reciente, nos invitan a una existencia absurda, llena de ademanes congestionados. Para unos y para otros, por lo visto, Cervantes no ha existido. Pues a poner nuestro ánimo más allá de ese dualismo vino sobre la tierra Cervantes.

No podemos entender el individuo sino al través de su especie. Las cosas reales están hechas de materia o de energía; pero las cosas artísticas—como el personaje Don Quijote—son de una substancia llamada estilo. Cada objeto estético es individuación de un protoplasma-estilo. Así, el individuo Don Quijote es un individuo de la especie Cervantes.

Conviene, pues, que, haciendo un esfuerzo, distraigamos la vista de Don Quijote, y, vertiéndola sobre el resto de la obra, ganemos en su vasta superficie una noción más amplia y clara del estilo cervantino, de quien es el hidalgo manchego sólo una condensación particular. Este es para mí el verdadero quijotismo: el de Cervantes, no el de Don Quijote. Y no el de Cervantes en los baños de Argel, no en su vida, sino en su libro. Para eludir esta desviación biográfica y erudita, prefiero el título quijotismo a cervantismo.

La tarea es tan levantada, que el autor entra en ella seguro de su derrota, como si fuera a combatir con los dioses.

Son arrancados los secretos a la Naturaleza de una manera violenta; después de orientarse en la selva cósmica, el científico se dirige recto al problema, como un cazador. Para Platón, lo mismo que para Santo Tomás, el hombre científico es un hombre que va de caza, θηρευτής, *venator*. Poseyendo el arma y la voluntad, la pieza es segura; la nueva verdad caerá seguramente a nuestros pies, herida como un ave en su trasvuelo.

Pero el secreto de una genial obra de arte no se entrega de este modo a la invasión intelectual. Diríase que se resiste a ser tomado por la fuerza, y sólo se entrega a quien quiere. Necesita, cual la verdad científica, que le dediquemos una operosa atención, pero sin que vayamos sobre él rectos, a uso de venadores. No se rinde al arma: se rinde, si acaso, al culto meditativo. Una obra del rango del *Quijote* tiene que ser tomada como Jericó. En amplios giros, nuestros pensamientos y nuestras emociones, han de irla estrechando lentamente, dando al aire como sones de ideales trompetas.

¡Cervantes—un paciente hidalgo que escribió un libro—, se halla sentado en los elíseos prados hace tres siglos, y aguarda, repartiendo en derredor melancólicas miradas, a que le nazca un nieto capaz de entenderle!

LECTOR...

Estas meditaciones, a que seguirán otras, renuncian —claro está—, a invadir los secretos últimos del *Quijote*. Son anchos círculos de atención que traza el pensamiento —sin prisas, sin inminencia—, fatalmente atraído por la obra inmortal.

Y una palabra postrera. El lector descubrirá, si no me equivoco, hasta en los últimos rincones de estos ensayos, los latidos de la preocupación patriótica. Quien los escribe y a quienes van dirigidos, se originaron espiritualmente en la negación de la España caduca. Ahora bien, la negación aislada es una impiedad. El hombre pío y honrado contrae, cuando niega, la obligación de edificar una nueva afirmación. Se entiende, de intentarlo.

Así nosotros. Habiendo negado una España, nos encontramos en el paso honroso de hallar otra. Esta empresa de honor no nos deja vivir. Por eso, si se penetrara hasta las más íntimas y personales meditaciones nuestras, se nos sorprendería haciendo con los más humildes rayicos de nuestra alma experimentos de nueva España.

Madrid, julio, 1914.

*IST ETWA DER DON QUIXOTE NUR
EINE POSSE?*

¿ES, POR VENTURA, EL DON QUIJOTE SÓLO UNA BUFONADA?

HERMANN COHEN.—ETHIK DES REINEN
WILLENS, P. 487.

MEDITACIÓN PRELIMINAR

El Monasterio del Escorial se levanta sobre un collado. La ladera meridional de este collado desciende bajo la cobertura de un boscaje, que es a un tiempo robledo y fresneda. El sitio se llama «La Herrería». La cárdena mole ejemplar del edificio modifica, según la estación, su carácter merced a este manto de espesura tendido a sus plantas, que es en invierno cobrizo, áureo en otoño y de un verde oscuro en estío. La primavera pasa por aquí rauda, instantánea y excesiva—como una imagen erótica por el alma acerada de un cenobiarca. Los árboles se cubren rápidamente con frondas opulentas de un verde claro y nuevo; el suelo desaparece bajo una hierba de esmeralda que, a su vez, se viste un día con el amarillo de las margaritas, otro con el morado de los cantuesos. Hay lugares de excelente silencio—el cual no es nunca silencio absoluto. Cuando callan por completo las cosas en torno, el vacío de rumor que dejan exige ser ocupado por algo, y entonces oímos el martilleo de nuestro corazón, los latigazos de la sangre en nuestras sienes, el hervor del aire que invade nuestros pulmones y que luego huye afanoso. Todo esto es inquietante, porque tiene una significación demasiado concreta. Cada latido de nuestro corazón parece que va a ser el último. El nuevo latido salvador que llega parece siempre una casualidad y no garantiza el subsecuente. Por esto es preferible un silencio donde suenen sones puramente decorativos, de referencias inconcretas. Así en este lugar. Hay aguas claras corrientes que van rumoreando a lo largo, y hay dentro de lo verde avecillas que cantan—verderones, jilgueros, oropéndolas y algún sublime ruiseñor.

Una de estas tardes de la fugaz primavera, salieron a mi encuentro en «La Herrería» estos pensamientos:

1

EL BOSQUE

¿Con cuántos árboles se hace una selva? ¿Con cuántas casas una ciudad? Según cantaba el labriego de Poitiers,

*La hauteur des maisons
empêche de voir la ville,*

y el adagio germánico afirma que los árboles no dejan ver el bosque. Selva y ciudad son dos cosas esencialmente profundas, y la profundidad está condenada de una manera fatal a convertirse en superficie si quiere manifestarse.

Tengo yo ahora en torno mío hasta dos docenas de robles graves y de fresnos gentiles. ¿Es esto un bosque? Ciertamente que no; estos son los árboles que veo de un bosque. El bosque verdadero se compone de los árboles que no veo. El bosque es una naturaleza invisible—por eso en todos los idiomas conserva su nombre un halo de misterio.

Yo puedo ahora levantarme y tomar uno de estos vagos senderos por donde veo cruzar a los mirlos. Los árboles que antes veía serán substituídos por otros análogos. Se irá el bosque descomponiendo, desgranando en una serie de trozos sucesivamente visibles. Pero nunca lo hallaré allí donde me encuentre. El bosque huye de los ojos.

Cuando llegamos a uno de estos breves claros que deja la verdura, nos parece que había allí un hombre sentado sobre una piedra, los codos en las rodillas, las palmas en las sienes, y que, precisamente cuando íbamos a llegar, se ha levantado y se ha ido. Sospechamos que este hombre, dando un breve rodeo, ha ido a colocarse en la misma postura no lejos de nosotros. Si cedemos al deseo de sorprenderle—a ese poder de atracción que ejerce el centro de los bosques sobre quien en ellos penetra—, la escena se repetirá indefinidamente.

El bosque está siempre un poco más allá de donde nosotros estamos. De donde nosotros estamos acaba de marcharse y queda sólo su huella aún fresca. Los antiguos, que proyectaban en formas corpóreas y vivas las siluetas de sus emociones, poblaron las selvas de ninfas fugitivas. Nada más exacto y expresivo. Conforme camináis, volved rápidamente la mirada a un claro entre la espesura y hallaréis un temblor en el aire como si se aprestara a llenar el hueco que ha dejado al huir un ligero cuerpo desnudo.

Desde uno cualquiera de sus lugares es, en rigor, el bosque una posibilidad. Es una vereda por donde podríamos internarnos; es un hontanar de quien nos llega un rumor débil en brazos del silencio y que podríamos descubrir a los pocos pasos; son versículos de cantos que hacen a lo lejos los pájaros puestos en unas ramas bajo las cuales podríamos llegar. El bosque es una suma de posibles actos nuestros, que, al realizarse, perderían su valor genuino. Lo que del bosque se halla ante nosotros de una manera inmediata es sólo pretexto para que lo demás se halle oculto y distante.

2

PROFUNDIDAD Y SUPERFICIE

Cuando se repite la frase «los árboles no nos dejan ver el bosque», tal vez no se entiende su rigoroso significado. Tal vez la burla que en ella se quiere hacer vuelva su aguijón contra quien la dice.

Los árboles no dejan ver el bosque, y gracias a que así es, en efecto, el bosque existe. La misión de los árboles patentes es hacer latente el resto de ellos, y sólo cuando nos damos perfecta cuenta de que el paisaje visible está ocultando otros paisajes invisibles nos sentimos dentro de un bosque.

La invisibilidad, el hallarse oculto no es un carácter meramente negativo, sino una cualidad positiva que, al verterse sobre una cosa, la transforma, hace de ella una cosa nueva. En este sentido es absurdo —como la frase susodicha declara— pretender ver el bosque. El bosque es lo latente en cuanto tal.

Hay aquí una buena lección para los que no ven la multiplicidad de destinos, igualmente respetables y necesarios, que el mundo contiene. Existen cosas que, puestas de manifiesto, sucumben o pierden su valor y, en cambio, ocultas o preteridas llegan a su plenitud. Hay quien alcanzaría la plena expansión de sí mismo ocupando un lugar secundario, y el afán de situarse en primer plano aniquila toda su virtud. En una novela contemporánea se habla de cierto muchacho poco inteligente, pero dotado de exquisita sensibilidad moral, que se consuela de ocupar en las clases escolares el último puesto, pensando: «¡Al fin y al cabo, alguno tiene que ser el último!» Es ésta una observación fina y capaz de orientarnos. Tanta nobleza puede haber en ser postrero como en ser primero, porque ultimidad y primacía son magistraturas que el mundo necesita igualmente, la una para la otra.

Algunos hombres se niegan a reconocer la profundidad de algo porque exigen de lo profundo que se manifieste como lo superficial. No aceptando que haya varias especies de claridad, se atienen exclusi-

MEDITACIÓN PRELIMINAR

vamente a la peculiar claridad de las superficies. No advierten que es a lo profundo esencial el ocultarse detrás de la superficie y presentarse sólo al través de ella, latiendo bajo ella.

Desconocer que cada cosa tiene su propia condición y no la que nosotros queremos exigirle es, a mi juicio, el verdadero pecado capital, que yo llamo pecado cordial, por tomar su oriundez de la falta de amor. Nada hay tan ilícito como empequeñecer el mundo por medio de nuestras manías y cegueras, disminuir la realidad, suprimir imaginariamente pedazos de lo que es.

Esto acontece cuando se pide a lo profundo que se presente de la misma manera que lo superficial. No; hay cosas que presentan de sí mismas lo estrictamente necesario para que nos percatemos de que ellas están detrás ocultas.

Para hallar esto evidente no es menester recurrir a nada muy abstracto. Todas las cosas profundas son de análoga condición. Los objetos materiales, por ejemplo, que vemos y tocamos, tienen una tercera dimensión que constituye su profundidad, su interioridad. Sin embargo, esta tercera dimensión ni la vemos ni la tocamos. Encontramos, es cierto, en sus superficies alusiones a algo que yace dentro de ellas; pero este dentro no puede nunca salir afuera y hacerse patente en la misma forma que los haces del objeto. Vano será que comencemos a seccionar en capas superficiales la tercera dimensión: por finos que los cortes sean, siempre las capas tendrán algún grosor, es decir, alguna profundidad, algún dentro invisible e intangible. Y si llegamos a obtener capas tan delicadas que la vista penetre a su través, entonces no veremos ni lo profundo ni la superficie, mas una perfecta transparencia, o, lo que es lo mismo, nada. Pues de igual suerte que lo profundo necesita una superficie tras de que esconderse, necesita la superficie o sobrehaz, para serlo, de algo sobre que se extienda y que ella tape.

Es ésta una perogrullada, mas no del todo inútil. Porque aún hay gentes las cuales exigen que les hagamos ver todo tan claro como ven esta naranja delante de sus ojos. Y es el caso que, si por ver se entiende, como ellos entienden, una función meramente sensitiva, ni ellos ni nadie ha visto jamás una naranja. Es ésta un cuerpo esférico, por tanto, con anverso y reverso. ¿Pretenderán tener delante a la vez el anverso y el reverso de la naranja? Con los ojos vemos una parte de la naranja, pero el fruto entero no se nos da nunca en forma sensible: la mayor porción del cuerpo de la naranja se halla latente a nuestras miradas.

No hay, pues, que recurrir a objetos sutiles y metafísicos para indicar que poseen las cosas maneras diferentes de presentarse: pero cada cual en su orden, igualmente claras. No es sólo lo que se ve lo claro. Con la misma claridad se nos ofrece la tercera dimensión de un cuerpo que las otras dos, y, sin embargo, de no haber otro modo de ver que el pasivo de la estricta visión, las cosas o ciertas cualidades de ellas no existirían para nosotros.

3

ARROYOS Y OROPÉNDOLAS

Es ahora el pensamiento un dialéctico fauno que persigue, como a una ninfa fugaz, la esencia del bosque. El pensamiento siente una fruición muy parecida a la amorosa cuando palpa el cuerpo desnudo de una idea.

Con haber reconocido en el bosque su naturaleza fugitiva, siempre ausente, siempre oculta—un conjunto de posibilidades—, no tenemos entera la idea del bosque. Si lo profundo y latente ha de existir para nosotros, habrá de presentársenos, y al presentársenos ha de ser en tal forma que no pierda su calidad de profundidad y latencia.

Según decía, la profundidad padece el sino irrevocable de manifestarse en caracteres superficiales. Veamos cómo lo realiza.

Este agua que corre a mis pies hace una blanda quejumbre al tropezar con las guijas y forma un curvo brazo de cristal que ciñe la raíz de este roble. En el roble ha entrado ahora poco una oropéndola como en un palacio la hija de un rey. La oropéndola da un denso grito de su garganta, tan musical que parece una esquirla arrancada al canto del ruiseñor, un son breve y súbito que un instante llena por completo el volumen perceptible del bosque. De la misma manera llena súbitamente el volumen de nuestra conciencia un latido de dolor.

Tengo ahora delante de mí estos dos sonidos: pero no están ellos solos. Son meramente líneas o puntos de sonoridad que destacan por su genuina plenitud y su peculiar brillo sobre una muchedumbre de otros rumores y sones con ellos entretejidos.

Si del canto de la oropéndola posada sobre mi cabeza y del son del agua que fluye a mis pies hago resbalar la atención a otros sonidos, me encuentro de nuevo con un canto de oropéndola y un rumorear de agua que se afana en su áspero cauce. Pero ¿qué acontece a estos nuevos sones? Reconozco uno de ellos sin vacilar como el canto de una oropéndola, pero le falta brillo, intensión; no da en el aire su puñalada de sonoridad con la misma energía, no llena el ámbito de la manera que el otro, más bien se desliza subrepticiamente, medrosamente. También reconozco el nuevo clamor de fontana; pero ¡ay! da pena oírlo. ¿Es una fuente valetudinaria? Es un sonido como el otro, pero más entrecortado, más sollozante, menos rico de sones interiores, como apagado, como borroso; a veces no tiene fuerza para llegar a mi oído; es un pobre rumor débil que se cae en el camino.

Tal es la presencia de estos nuevos sonidos, tales son como meras impresiones. Pero yo, al escucharlos, no me he detenido a describir—según aquí he hecho— su simple presencia. Sin necesidad de deliberar, apenas los oigo los envuelvo en un acto de interpretación ideal y los lanzo lejos de mí: los oigo como lejanos.

Si me limito a recibirlas pasivamente en mi audición, estas dos parejas de sonidos son igualmente presentes y próximas. Pero la diferente calidad sonora de ambas parejas me invita a que las distancie, atribuyéndoles distinta calidad espacial. Soy yo, pues, por un acto mío, quien las mantiene en una distensión virtual: si este acto faltara, la distancia desaparecería y todo ocuparía indistintamente un solo plano.

Resulta de aquí que es la lejanía una cualidad virtual de ciertas cosas presentes, cualidad que sólo adquieren en virtud de un acto del sujeto. El sonido no es lejano, lo hago yo lejano.

Análogas reflexiones cabe hacer sobre la lejanía visual de los árboles, sobre las veredas que avanzan buscando el corazón del bosque. Toda esta profundidad de lontananza existe en virtud de mi colaboración, nace de una estructura de relaciones que mi mente interpone entre unas sensaciones y otras.

Hay, pues, toda una parte de la realidad que se nos ofrece sin más esfuerzo que abrir ojos y oídos —el mundo de las puras impresiones—. Bien que le llamemos mundo patente. Pero hay un trasmundo constituído por estructuras de impresiones, que si es latente con relación a aquél no es, por ello, menos real. Necesitamos, es cierto, para que este mundo superior exista ante nosotros, abrir algo más que los ojos, ejercitar actos de mayor esfuerzo; pero la medida de este esfuerzo no quita ni pone realidad a aquél. El mundo profundo es tan claro como el superficial, sólo que exige más de nosotros.

4

TRASMUNDOS

Este bosque benéfico que unge mi cuerpo de salud, ha proporcionado a mi espíritu una grande enseñanza. Es un bosque magistral; viejo, como deben ser los maestros, sereno y múltiple. Además, practica la pedagogía de la alusión, única pedagogía delicada y profunda. Quien quiera enseñarnos una verdad que no nos la diga, simplemente que aluda a ella con un breve gesto, gesto que inicie en el aire una ideal trayectoria, deslizándonos por la cual lleguemos nosotros mismos hasta los pies de la nueva verdad. Las verdades, una vez sabidas, adquieren una costra utilitaria; no nos interesan ya como verdades, sino como recetas útiles. Esa pura iluminación subitánea que caracteriza a la verdad, tiénela ésta sólo en el instante de su descubrimiento. Por esto su nombre griego, *aletheia,* significó originariamente lo mismo que después la palabra *apocalipsis,* es decir, descubrimiento, revelación, propiamente desvelación, quitar de un velo o cubridor. Quien quiera enseñarnos una verdad, que nos sitúe de modo que la descubramos nosotros.

Me ha enseñado este bosque que hay un primer plano de realidades, el cual se impone a mí de una manera violenta: son los colores, los sonidos, el placer y dolor sensibles. Ante él mi situación es pasiva. Pero tras esas realidades aparecen otras, como en una sierra los perfiles de montañas más altas cuando hemos llegado sobre los primeros contrafuertes. Erigidos los unos sobre los otros, nuevos planos de realidad, cada vez más profundos, más sugestivos, esperan que ascendamos a ellos, que penetremos hasta ellos. Pero estas realidades superiores son más pudorosas; no caen sobre nosotros como sobre presas. Al contrario, para hacerse patentes nos ponen una condición: que queramos su existencia y nos esforcemos hacia ellas. Viven, pues, en cierto modo, apoyadas en nuestra voluntad. La ciencia, el arte, la justicia, la cortesía, la religión son órbitas de realidad que no invaden bárbaramente nuestras personas, como hace el hambre o el frío; sólo existen para quien tiene la voluntad de ellas.

Cuando dice el hombre de mucha fe que ve a Dios en la campiña florecida y en la faz combada de la noche, no se expresa más metafóricamente que si hablara de haber visto una naranja. Si no hubiera más que un ver pasivo quedaría el mundo reducido a un caos de puntos luminosos. Pero hay sobre el pasivo ver un ver activo, que interpreta viendo y ve interpretando; un ver que es mirar. Platón supo hallar para estas visiones que son miradas una palabra divina: las llamó *ideas*. Pues bien, la tercera dimensión de la naranja no es más que una idea, y Dios es la última dimensión de la campiña.

No hay en esto mayor cantidad de misticismo que cuando decimos estar viendo un color desteñido. ¿Qué color vemos cuando vemos un color desteñido? El azul que tenemos delante lo vemos *como* habiendo sido otro azul más intenso y este mirar el color actual con el pasado, a través del que fué, es una visión activa que no existe para un espejo, es una *idea*. La decadencia o desvaído de un color es una cualidad nueva y virtual que le sobreviene, dotándole de una como profundidad temporal. Sin necesidad del discurso, en una visión única y momentánea, descubrimos el color y su historia, su hora de esplendor y su presente ruina. Y algo en nosotros repite, de una manera instantánea, ese mismo movimiento de caída, de mengua; ello es que ante un color desteñido hallamos en nosotros como una pesadumbre.

La dimensión de profundidad, sea espacial o de tiempo, sea visual o auditiva, se presenta siempre en una superficie. De suerte que esta superficie posee en rigor dos valores: el uno cuando la tomamos como lo que es materialmente; el otro cuando la vemos en su segunda vida virtual. En el último caso la superficie, sin dejar de serlo, se dilata en un sentido profundo. Esto es lo que llamamos escorzo.

El escorzo es el órgano de la profundidad visual; en él hallamos un caso límite, donde la simple visión está fundida con un acto puramente intelectual.

5

RESTAURACIÓN Y ERUDICIÓN

En torno mío abre sus hondos flancos el bosque. En mi mano está un libro: *Don Quijote,* una selva ideal.

He aquí otro caso de profundidad: la de un libro, la de este libro máximo. *Don Quijote* es el libro-escorzo por excelencia.

MEDITACIÓN PRELIMINAR

Ha habido una época de la vida española en que no se quería reconocer la profundidad del *Quijote*. Esta época queda recogida en la historia con el nombre de Restauración. Durante ella llegó el corazón de España a dar el menor número de latidos por minuto.

Permítaseme reproducir aquí unas palabras sobre este instante de nuestra existencia colectiva, dichas en otra ocasión:

«¿Que és la Restauración? Según Cánovas, la continuación de la historia de España. ¡Mal año para la historia de España si legítimamente valiera la Restauración como su secuencia! Afortunadamente, es todo lo contrario. La Restauración significa la detención de la vida nacional. No había habido en los españoles durante los primeros cincuenta años del siglo XIX complejidad, reflexión, plenitud de intelecto, pero había habido coraje, esfuerzo, dinamismo. Si se quemaran los discursos y los libros compuestos en ese medio siglo y fueran substituídos por las biografías de sus autores, saldríamos ganando ciento por uno. Riego y Narváez, por ejemplo, son como pensadores, ¡la verdad!, un par de desventuras; pero son como seres vivos dos altas llamaradas de esfuerzo.

»Hacia el año 1854—que es donde en lo soterraño se inicia la Restauración—comienzan a apagarse sobre este haz triste de España los esplendores de aquel incendio de energías; los dinamismos van viniendo luego a tierra como proyectiles que han cumplido su parábola; la vida española se repliega sobre sí misma, se hace hueco de sí misma. Este vivir el hueco de la propia vida fué la Restauración.

»En pueblos de ánimo más completo y armónico que el nuestro, puede a una época de dinamismo suceder fecundamente una época de tranquilidad, de quietud, de éxtasis. El intelecto es el encargado de suscitar y organizar los intereses tranquilos y estáticos, como son el buen gobierno, la economía, el aumento de los medios, de la técnica. Pero ha sido la característica de nuestro pueblo haber brillado más como esforzado que como inteligente.

»Vida española, digámoslo lealmente, vida española, hasta ahora, ha sido posible sólo como dinamismo.

»Cuando nuestra nación deja de ser dinámica, cae de golpe en un hondísimo letargo y no ejerce más función vital que la de soñar que vive.

»Así parece como que en la Restauración nada falta. Hay allí grandes estadistas, grandes pensadores, grandes generales, grandes partidos, grandes aprestos, grandes luchas: nuestro ejército en Tetuán combate con los moros lo mismo que en tiempo de Gonzalo de Córdoba; en busca del Norte enemigo hienden la espalda del mar nuestras carenas, como en tiempos de Felipe II; Pereda es Hurtado de Mendoza, y en Echegaray retoña Calderón. Pero todo esto acontece dentro de la órbita de un sueño; es la imagen de una vida donde sólo hay de real el acto que la imagina.

»La Restauración, señores, fué un panorama de fantasmas, y Cánovas el gran empresario de la fantasmagoría»[1].

---

[1] *Vieja y nueva política.*

MEDITACIÓN PRELIMINAR

¿Cómo es posible, cómo es posible que se contente todo un pueblo con semejantes valores falsos? En el orden de la cantidad, es la unidad de medida lo mínimo; en el orden de los valores, son los valores máximos la unidad de medida. Sólo comparándolas con lo más estimable quedan justamente estimadas las cosas. Conforme se van suprimiendo en la perspectiva de los valores los verdaderamente más altos, se alzan con esta dignidad los que les siguen. El corazón del hombre no tolera el vacío de lo excelente y supremo. Con palabras diversas viene a decir lo mismo el refrán viejo: «En tierra de ciegos, el tuerto es rey.» Los rangos van siendo ocupados de manera automática por cosas y personas cada vez menos compatibles con ellos.

Perdióse en la Restauración la sensibilidad para todo lo verdaderamente fuerte, excelso, plenario y profundo. Se embotó el órgano encargado de temblar ante la genialidad transeúnte. Fué, como Nietzsche diría, una etapa de perversión en los instintos valoradores. Lo grande no se sentía como grande; lo puro no sobrecogía los corazones; la calidad de perfección y excelsitud era invisible para aquellos hombres, como un rayo ultravioleta. Y fatalmente lo mediocre y liviano pareció aumentar su densidad. Las motas se hincharon como cerros, y Núñez de Arce pareció un poeta.

Estúdiese la crítica literaria de la época; léase con detención a Menéndez Pelayo, a Valera, y se advertirá esta falta de perspectiva. De buena fe aquellos hombres aplaudían la mediocridad porque no tuvieron la experiencia de lo profundo[1]. Digo experiencia, porque lo genial no es una expresión ditirámbica; es un hallazgo experimental, un fenómeno de experiencia religiosa. Scheleiermacher encuentra la esencia de lo religioso en el sentimiento de pura y simple dependencia. El hombre, al ponerse en aguda intimidad consigo mismo, se siente flotar en el universo sin dominio alguno sobre sí ni sobre lo demás; se siente dependiendo absolutamente de algo—llámese a este algo como se quiera. Pues bien: la mente sana queda, a lo mejor, sobrecogida en sus lecturas o en la vida por la sensación de una *absoluta* superioridad—quiero decir, halla una obra, un carácter de quien los límites trascienden por todos lados la órbita de nuestra dominación comprensiva. El síntoma de los valores máximos es la ilimitación[2].

En estas circunstancias, ¿cómo esperar que se pusiera a Cervantes en su lugar? Allá fué el libro divino mezclado eruditamente con nuestros frailecicos mís-

---

[1] Estas palabras no implican por mi parte un desdén caprichoso hacia ambos autores, que sería incorrecto. Señalan meramente un grave defecto de su obra, que pudo coexistir con no pocas virtudes.

[2] Hace poco tiempo—una tarde de primavera, caminando por una galiana de Extremadura, en un ancho paisaje de olivos, a quien daba unción dramática el vuelo solemne de unas águilas, y, al fondo, el azul encorvamiento de la sierra de Gata—, quiso Pío Baroja, mi entrañable amigo, convencerme de que admiramos sólo lo que no comprendemos, que la admiración es efecto de la incomprensión. No logró convencerme, y no habiéndolo conseguido él, es difícil que me convenza otro. Hay, sí, incomprensión en la raíz del acto admirativo, pero no es una incomprensión positiva: cuanto más comprendemos del genio más nos queda por comprender.

ticos, con nuestros dramaturgos torrenciales, con nuestros líricos, desiertos sin flores.

Sin duda, la profundidad del *Quijote,* como toda profundidad, dista mucho de ser palmaria. Del mismo modo que hay un ver que es un mirar, hay un leer que es un *intelligere* o leer lo de dentro, un leer pensativo. Sólo ante éste se presenta el sentido profundo del *Quijote*. Mas acaso, en una hora de sinceridad, hubieran coincidido todos los hombres representativos de la Restauración en definir el pensar con estas palabras: pensar es buscarle tres pies al gato.

6

CULTURA MEDITERRÁNEA

Las impresiones forman un tapiz superficial, donde parecen desembocar caminos ideales que conducen hacia otra realidad más honda. La meditación es el movimiento en que abandonamos las superficies, como costas de tierra firme, y nos sentimos lanzados a un elemento más tenue, donde no hay puntos materiales de apoyo. Avanzamos atenidos a nosotros mismos, manteniéndonos en suspensión merced al propio esfuerzo dentro de un orbe etéreo habitado por formas ingrávidas. Una viva sospecha nos acompaña de que, a la menor vacilación por nuestra parte, todo aquello se vendría abajo y nosotros con ello. Cuando meditamos, tiene que sostenerse el ánimo a toda tensión: es un esfuerzo doloroso e integral.

En la meditación, nos vamos abriendo un camino entre masas de pensamientos, separamos unos de otros los conceptos, hacemos penetrar nuestra mirada por el imperceptible intersticio que queda entre los más próximos, y una vez puesto cada uno en su lugar, dejamos tendidos resortes ideales que les impidan confundirse de nuevo. Así, podemos ir y venir a nuestro sabor por los paisajes de las ideas que nos presentan claros y radiantes sus perfiles.

Pero hay quien es incapaz de realizar este esfuerzo; hay quien, puesto a bogar en la región de las ideas, es acometido de un intelectual mareo. Ciérrale el paso un tropel de conceptos fundidos los unos con los otros. No halla salida por parte alguna; no ve sino una densa confusión en torno, una niebla muda y opresora.

Cuando yo era muchacho leía, transido de fe, los libros de Menéndez Pelayo. En estos libros se habla con frecuencia de las «nieblas germánicas», frente a las cuales sitúa el autor «la claridad latina». Yo me sentía, de una parte, profundamente halagado; de otra, me nacía una compasión grande hacia estos pobres hombres del Norte, condenados a llevar dentro una niebla.

No dejaba de maravillarme la paciencia con que millones de hombres, durante miles de años, arrastraban su triste sino, al parecer sin quejas y hasta con algún contentamiento.

Más tarde he podido averiguar que se trata simplemente de una inexactitud, como otras tantas con que se viene envenenando a nuestra raza sin ventura. No hay tales «nieblas germánicas», ni mucho menos tal «claridad latina». Hay sólo dos palabras que, si significan algo concreto, significan un interesado error.

Existe, efectivamente, una diferencia esencial entre la cultura germánica y la latina; aquélla es la cultura de las realidades profundas, y ésta la cultura de las superficies. En rigor, pues, dos dimensiones distintas de la cultura europea integral. Pero no existe entre ambas una diferencia de claridad.

Sin embargo, antes de ensayar la sustitución de esta antítesis: claridad-confusión, por esta otra: superficie-profundidad, es necesario cegar la fuente del error.

El error procede de lo que quisiéramos entender bajo las palabras «cultura latina».

Se trata de una ilusión dorada que nos anda por dentro y con la cual queremos consolarnos—franceses, italianos y españoles—en las horas de menoscabo. Tenemos la debilidad de creernos hijos de los dioses; el latinismo es un acueducto genealógico que tendemos entre nuestras venas y los riñones de Zeus. Nuestra latinidad es un pretexto y una hipocresía; Roma, en el fondo, nos trae sin cuidado. Las siete colinas son las localidades más cómodas que podemos tomar para descubrir a lo lejos el glorioso esplendor puesto sobre el mar Egeo, el centro de las divinas irradiaciones: Grecia. Esta es nuestra ilusión: nos creemos herederos del espíritu helénico.

Hasta hace cincuenta años solía hablarse indistintamente de Grecia y Roma como de los dos pueblos clásicos. De entonces acá, la filología ha caminado mucho; ha aprendido a separar delicadamente lo puro y esencial de las imitaciones y mezclas bárbaras.

Cada día que pasa afirma Grecia más enérgicamente su posición *hors ligne* en la historia del mundo. Este privilegio se apoya en títulos perfectamente concretos y definidos: Grecia ha inventado los temas substanciales de la cultura europea, y la cultura europea es el protagonista de la historia, mientras no exista otra superior.

Y cada nuevo avance en las investigaciones históricas separa más de Grecia el mundo oriental, rebajando el influjo directo que sobre los helenos parecía haber ejercido. Del otro lado, va haciéndose patente la incapacidad del pueblo romano para inventar temas clásicos; no ha colaborado con Grecia; en rigor, no llegó nunca a comprenderla. La cultura de Roma es, en los órdenes superiores, totalmente refleja—un Japón occidental. Sólo le quedaba el derecho, la musa ideadora de instituciones, y ahora resulta que también el derecho lo había aprendido de Grecia.

Una vez rota la cadena de tópicos que mantenía a Roma anclada en el Pireo, las olas del mar Jónico, de inquietud tan afamada, la han ido removiendo hasta soltarla en el Mediterráneo, como quien arroja de casa a un intruso.

Y ahora vemos que Roma no es más que un pueblo mediterráneo.

Con esto ganamos un nuevo concepto que sustituye al confuso e hipócrita de la cultura latina; hay, no una cultura latina, sino una cultura mediterránea. Durante unos siglos, la historia del mundo está circunscrita a la cuenca de este mar interior: es una

MEDITACIÓN PRELIMINAR

historia costera donde intervienen los pueblos asentados en una breve zona próxima a la marina desde Alejandría a Calpe, desde Calpe a Barcelona, a Marsella, a Ostia, a Sicilia, a Creta[1]. La onda de específica cultura empieza, tal vez, en Roma, y de allí se transmite bajo la divina vibración del sol en mediodía a lo largo de la faja costera. Lo mismo, sin embargo, podía haber comenzado en cualquier otro punto de ésta. Es más, hubo un momento en que la suerte estuvo a punto de decidir la iniciativa en favor de otro pueblo: Cartago. En aquellas magníficas guerras—nuestro mar conserva en sus reflejos innumerables el recuerdo de aquellas espadas refulgentes de lumínica sangre solar—, en aquellas magníficas guerras luchaban dos pueblos idénticos en todo lo esencial. Probablemente no hubiera variado mucho la faz de los siglos siguientes si la victoria se hubiera transferido de Roma a Cartago. Ambas estaban del alma helénica a la misma absoluta distancia. Su posición geográfica era equivalente y no se habrían desviado las grandes rutas del comercio. Sus propensiones espirituales eran también equivalentes: las mismas ideas habrían peregrinado por los mismos caminos mentales. En el fondo de nuestras entrañas mediterráneas podíamos sustituir a Escipión por Aníbal sin que nosotros mismos notásemos la suplantación.

Nada hay de extraño, pues, si aparecen semejan-

---

[1] Para mí, el punto en que nace este concepto de la cultura mediterránea—es decir, no latina—es el problema histórico planteado por las relaciones entre la cultura cretense y la griega. En Creta desemboca la civilización oriental y se inicia otra que no es la griega. Mientras Grecia es cretense no es helénica.

zas entre las instituciones de los pueblos norteafricanos y los sudeuropeos.

Estas costas son hijas del mar, le pertenecen y viven de espaldas al interior. La unidad del mar funda la identidad de las costas fronteras.

La escisión que ha querido hacerse del mundo mediterráneo, atribuyendo distintos valores a la ribera del Norte y a la del Sur, es un error de perspectiva histórica. Las ideas Europa y Africa, como dos enormes centros de atracción conceptual, han reabsorbido las costas respectivas en el pensamiento de los historiadores. No se advirtió que cuando la cultura mediterránea era una realidad, ni Europa ni Africa existían. Europa comienza cuando los germanos entran plenamente en el organismo unitario del mundo histórico. Africa nace entonces como la no-Europa, como το έτερον de Europa. Germanizadas Italia, Francia y España, la cultura mediterránea deja de ser una realidad pura y queda reducida a un más o menos de germanismo.

Las rutas comerciales van desviándose del mar interior y transmigran lentamente hacia la tierra firme de Europa: los pensamientos nacidos en Grecia toman la vuelta de Germania. Después de un largo sueño, las ideas platónicas despiertan bajo los cráneos de Galileo, Descartes, Leibniz y Kant, germanos. El dios de Esquilo, más ético que metafísico, repercute toscamente, fuertemente, en Lutero; la pura democracia ática en Rousseau, y las musas del Partenón, intactas durante siglos, se entregan un buen día a Donatello y Miguel Angel, mozos florentinos de germánica prosapia.

7

LO QUE DIJO A GOETHE UN CAPITÁN

Cuando se habla de una cultura específica, no podemos menos de pensar en el sujeto que la ha producido, en la raza; no hay duda de que la diversidad de genios culturales arguye a la postre una diferencia fisiológica de que aquélla en una u otra forma proviene. Pero convendría hacer constar que, aunque lo uno lleve a lo otro, son, en rigor, dos cuestiones muy distintas la de establecer tipos específicos de productos históricos—tipos de ciencia, artes, costumbres, etcétera—y la de buscar, una vez hecho esto, para cada uno de ellos el esquema anatómico o, en general, biológico que le corresponde.

Hoy nos faltan por completo los medios para fijar relaciones de causa a efecto entre las razas como constituciones orgánicas, y las razas como maneras de ser históricas, como tendencias intelectuales, emotivas, artísticas, jurídicas, etc. Tenemos que contentarnos, y no es poco, con la operación meramente descriptiva de clasificar los hechos o productos históricos según el estilo o nota general que en ellos encontramos manifiesto.

La expresión «cultura mediterránea» deja, pues, por completo intacto el problema del parentesco étnico entre los hombres que vivieron y viven en las playas del mar interior. Sea cualquiera su afinidad, es un hecho que las obras de espíritu entre ellos suscitadas tienen unos ciertos caracteres diferenciales respecto a las griegas y germánicas. Sería una labor sumamente útil ensayar una reconstrucción de los rasgos primarios, de las modulaciones elementales que integran la cultura mediterránea. Al realizarla convendría no mezclar con aquéllos lo que la inundación germánica haya dejado en los pueblos que sólo durante unos siglos fueron puramente mediterráneos.

Quede tal investigación para algún filólogo, capaz de sensibilidad altamente científica: al presente yo no he de referirme sino a esta nota tópicamente admitida como aneja al llamado latinismo, ahora rebajado a mediterranismo: la claridad.

No hay —según el bosque me ha dicho en sus rumores— una claridad absoluta; cada plano u orbe de realidades tiene su claridad patrimonial. Antes de reconocer en la claridad un privilegio adscrito al Mediterráneo, sería oportuno preguntarse si la producción mediterránea es ilimitada: quiero decir, si hemos dejado caer sobre toda suerte de cosas, las gentes meridionales, esa nuestra doméstica iluminación.

La respuesta es obvia: la cultura mediterránea no puede oponer a la ciencia germánica —filosofía, mecánica, biología— productos propios. Mientras fué pura —es decir, desde Alejandro a la invasión bárbara—, la cosa no ofrece duda. Después, ¿con qué seguridad podemos hablar de latinos o mediterráneos? Italia, Francia, España, están anegadas de sangre germánica. Somos razas esencialmente impuras; por nuestras venas fluye una trágica contradicción fisiológica. Houston Chamberlain ha podido hablar de las razas caos.

MEDITACIÓN PRELIMINAR

Pero dejando a un lado, según es debido, todo este vago problema étnico, y admitiendo la producción ideológica llevada a cabo en nuestras tierras desde la Edad Media hasta hoy como relativamente mediterránea, encontramos sólo dos cimas ideológicas capaces de emular las magníficas cumbres de Germania: el pensamiento renacentista italiano y Descartes. Pues bien: dado que uno y otro fenómenos históricos no pertenezcan en lo esencial, como yo creo, al capital germánico, hemos de reconocer en ellos todas las virtudes, salvo la claridad. Leibniz o Kant o Hegel son difíciles, pero son claros como una mañana de primavera; Giordano Bruno y Descartes tal vez no sean del mismo modo difíciles pero, en cambio, son confusos.

Si de estas alturas descendemos por las laderas de la ideología mediterránea, llegamos a descubrir que es característico de nuestros pensadores *latinos* una gentileza aparente, bajo la cual yacen, cuando no grotescas combinaciones de conceptos, una radical imprecisión, un defecto de elegancia mental, esa torpeza de movimientos que padece el organismo cuando se mueve en un elemento que no le es afín.

Una figura muy representativa del intelecto mediterráneo es Juan Bautista Vico; no puede negársele genio ideológico; pero quien haya entrado por su obra, aprende de cerca lo que es un caos.

En el pensar, pues, no ha de buscarse la claridad latina, como no se llame claridad a esa vulgar prolijidad del estilo francés, a ese arte del *developpement* que se enseña en los liceos.

Cuando Goethe bajó a Italia hizo algunas etapas

del viaje en compañía de un capitán italiano. «Este capitán—dice Goethe—es un verdadero representante de muchos compatriotas suyos. He aquí un rasgo que le caracteriza muy peculiarmente. Como yo a menudo permaneciera silencioso y meditabundo, me dijo una vez: «Che pensa! Non deve mai pensar l'uomo, pensando s'invecchia! Non deve fermarsi l'uomo in una sola cosa perché allora divien matto: *bisogna aver mille cose, una confusione nella testa.*»

8

LA PANTERA O DEL SENSUALISMO

Hay, por el contrario, en el dominio de las artes plásticas, un rasgo que sí parece genuino de nuestra cultura. «El arte griego se encuentra en Roma—dice Wickhoff—frente a un arte común latino, basado en la tradición etrusca.» El arte griego, que busca lo típico y esencial bajo las apariencias concretas, no puede afirmar su ideal conato frente a la voluntad de imitación ilusionista que halla desde tiempo inmemorial dominando en Roma[1].

Pocas noticias podían de la suerte que ésta sernos una revelación. La inspiración griega, no obstante su suficiencia estética y su autoridad, se quiebra al llegar a Italia contra un instinto artístico de aspiración opuesta. Y es éste tan fuerte e inequívoco, que no es

---

[1] Franz Wickhoff: *Werke,* tomo III, 52-53.

necesario esperar para que se inyecte en la plástica helénica a que nazcan escultores autóctonos; el que hace el encargo ejerce de tal modo una espiritual presión sobre los artistas de Grecia arribados a Roma, que en las propias manos de éstos se desvía el cincel, y en lugar de lo ideal latente, va a fijar sobre el haz marmóreo lo concreto, lo aparente, lo individual.

Aquí tenemos desde luego iniciado lo que después va a llamarse impropiamente realismo y que, en rigor, conviene denominar impresionismo. Durante veinte siglos los pueblos del Mediterráneo enrolan sus artistas bajo esta bandera del arte impresionista: con exclusivismo unas veces, tácita y parcialmente otras, triunfa siempre la voluntad de buscar lo sensible como tal. Para el griego lo que vemos está gobernado y corregido por lo que pensamos y tiene sólo valor cuando asciende a símbolo de lo ideal. Para nosotros, esta ascensión es más bien un descender: lo sensual rompe sus cadenas de esclavo de la idea y se declara independiente. El Mediterráneo es una ardiente y perpetua justificación de la sensualidad, de la apariencia, de las superficies, de las impresiones fugaces que dejan las cosas sobre nuestros nervios conmovidos.

La misma distancia que hallamos entre un pensador mediterráneo y un pensador germánico, volvemos a encontrarla si comparamos una retina mediterránea con una retina germánica. Pero esta vez la comparación decide en favor nuestro. Los mediterráneos que no pensamos claro, vemos claro. Si desmontamos el complicado andamiaje conceptual, de alegoría filosófica y teológica que forma la arquitectura de la *Divina Comedia,* nos quedan entre las manos fulgurando como piedras preciosas unas breves imágenes, a veces aprisionadas en el angosto cuerpo de un endecasílabo, por las cuales renunciaríamos al resto del poema. Son simples visiones sin trascendencia donde el poeta ha retenido la naturaleza fugitiva de un color, de un paisaje, de una hora matinal. En Cervantes esta potencia de visualidad es literalmente incomparable: llega a tal punto que no necesita proponerse la descripción de una cosa para que entre los giros de la narración se deslicen sus propios puros colores, su sonido, su íntegra corporeidad. Con razón exclamaba Flaubert, aludiendo al «Quijote»: *Comme on voit ces routes d'Espagne qui ne sont nulle part décrites!*[1].

Si de una página de Cervantes nos trasladamos a una de Goethe—antes e independientemente de que comparemos el valor de los mundos creados por ambos poetas—, percibimos una radical diferencia: el mundo de Goethe no se presenta de una manera inmediata ante nosotros. Cosas y personas flotan en una definitiva lejanía, son como el recuerdo o el ensueño de sí mismas.

Cuando una cosa tiene todo lo que necesita para ser lo que es, aún le falta un don decisivo: la apariencia, la actualidad. La frase famosa en que Kant combate la metafísica de Descartes—«treinta *thaler* posibles no son menos que treinta *thaler* reales»— podrá ser filosóficamente exacta, pero contiene de todas suertes una ingenua confesión de los límites

---

[1] *Correspondence,* II, 305.

propios al germanismo. Para un mediterráneo no es lo más importante la esencia de una cosa, sino su presencia, su actualidad: a las cosas preferimos la sensación viva de las cosas.

Los latinos han llamado a esto realismo. Como «realismo» es ya un concepto latino y no una visión latina, es un término exento de claridad. ¿De qué cosas—*res*—habla ese realismo? Mientras no distingamos entre las cosas y la apariencia de las cosas, lo más genuino del arte meridional se escapará a nuestra comprensión.

También Goethe busca las cosas: como él mismo dice: «El órgano con que yo he comprendido el mundo es el ojo»[1], y Emerson agrega: *Goethe sees at every pore.*

Tal vez dentro de la limitación germánica puede valer Goethe como un visual, como un temperamento para quien lo aparente existe. Pero, puesto en confrontación con nuestros artistas del Sur, ese ver goethiano es más bien un pensar con los ojos.

Nos oculos eruditos habemus[2]: lo que en el ver pertenece a la pura impresión es incomparablemente más enérgico en el Mediterráneo. Por eso suele contentarse con ello: el placer de la visión, de recorrer, de palpar con la pupila la piel de las cosas, es el carácter diferencial de nuestro arte. No se le llame realismo porque no consiste en la acentuación de la *res,* de las cosas, sino de la apariencia de las cosas.

---

[1] *Verdad y Poesía,* libro VI.
[2] Cicerón: *De paradox.*

Mejor fuera denominarlo aparentismo, ilusionismo, impresionismo.

Realistas fueron los griegos—pero realistas de las cosas recordadas. La reminiscencia, al alejar los objetos, los purifica e idealiza, quitándoles sobre todo esa nota de aspereza que aun lo más dulce y blando posee cuando obra actualmente sobre nuestros sentidos. Y el arte que se inicia en Roma—y que podía haber partido de Cartago, de Marsella o de Málaga—, el arte mediterráneo busca precisamente esa áspera fiereza de lo presente como tal.

Un día del siglo I, a. de J. C., corrió por Roma la noticia de que Pasiteles, el gran escultor según nuestro gusto, había sido devorado por una pantera que le servía de modelo. Fué el primer mártir. ¿Qué se cree? La claridad mediterránea tiene sus mártires específicos. En el santoral de nuestra cultura podemos inscribir, desde luego, este nombre: Pasiteles, mártir del sensualismo.

Porque así debiéramos, en definitiva, llamar la clara aptitud adscrita a nuestro mar interior: sensualismo. Somos meros soportes de los órganos de los sentidos: vemos, oímos, olemos, palpamos, gustamos, sentimos el placer y el dolor orgánicos... Con cierto orgullo repetimos la expresión de Gautier: «el mundo exterior existe para nosotros».

¡El mundo exterior! Pero ¿es que los mundos insensibles—las tierras profundas—no son también exteriores al sujeto? Sin duda alguna: son exteriores y aun en grado eminente. La única diferencia está en que la «realidad»—la fiera, la pantera—cae sobre nosotros de una manera violenta, penetrándonos por las brechas de los sentidos mientras la idealidad sólo se entrega a nuestro esfuerzo. Y andamos en peligro de que esa invasión de lo externo nos desaloje de nosotros mismos, vacíe nuestra intimidad, y exentos de ella quedemos transformados en postigos de camino real por donde va y viene el tropel de las cosas.

El predominio de los sentidos arguye de ordinario falta de potencias interiores. ¿Qué es meditar comparado al ver? Apenas herida la retina por la saeta forastera, acude allí nuestra íntima, personal energía, y detiene la irrupción. La impresión es filiada, sometida a civilidad, *pensada*—y de este modo entra a cooperar en el edificio de nuestra personalidad.

9

LAS COSAS Y SU SENTIDO

Toda esta famosa pendencia entre las nieblas germánicas y la claridad latina viene a aquietarse con el reconocimiento de dos castas de hombres: los meditadores y los sensuales. Para éstos es el mundo una reverberante superficie: su reino es el haz esplendoroso del universo—*facies totius mundi,* que Spinoza decía. Aquéllos, por el contrario, viven en la dimensión de profundidad.

Como para el sensual el órgano es la retina, el paladar, las pulpas de los dedos, etc., el meditador posee el órgano del concepto. El concepto es el órgano normal de la profundidad.

Antes me he fijado principalmente en la profundidad temporal —que es el pasado—, y en la espacial —que es la lejanía. Pero ambas no son más que dos ejemplos, dos casos particulares de profundidad. ¿En qué consiste ésta tomada *in genere?* En forma de alusión queda ya indicado cuando oponía el mundo patente de las puras impresiones a los mundos latentes constituídos por estructuras de impresiones. Una estructura es una cosa de segundo grado, quiero decir, un conjunto de cosas o simples elementos materiales, más un orden en que esos elementos se hallan dispuestos. Es evidente que la realidad de ese orden tiene un valor, una significación distintos de la realidad que poseen sus elementos. Este fresno es verde y está a mi derecha: el ser verde y el estar a mi derecha son cualidades que él posee, pero su posesión no significa lo mismo con respecto a la una y a la otra. Cuando el sol caiga por detrás de estos cerros, yo tomaré una de estas confusas sendas abiertas como surcos ideales en la alta grama. Cortaré al paso unas menudas flores amarillas que aquí crecen lo mismo que en los cuadros primitivos, y moviendo mis pasos hacia el Monasterio, dejaré el bosque solitario, mientras allá en su fondo vierte el cuco sobre el paisaje su impertinencia vespertina. Entonces este fresno seguirá siempre verde, pero habrá quedado desposeído de la otra cualidad, no estará ya a mi derecha. Los colores son cualidades materiales; derecha e izquierda, cualidades relativas que sólo poseen las cosas en relación unas con otras. Pues bien, las cosas trabadas en una relación forman una estructura.

¿Cuán poca cosa sería una cosa si fuera sólo lo

que es en el aislamiento? ¡Qué pobre, qué yerma, qué borrosa! Diríase que hay en cada una cierta secreta potencialidad de ser mucho más, la cual se liberta y expansiona cuando otra u otras entran en relación con ella. Diríase que cada cosa es fecundada por las demás; diríase que se desean como machos y hembras; diríase que se aman y aspiran a maridarse, a juntarse en sociedades, en organismos, en edificios, en mundos. Eso que llamamos «Naturaleza» no es sino la máxima estructura en que todos los elementos materiales han entrado. Y es obra de amor naturaleza, porque significa generación, engendro de las unas cosas en las otras, nacer la una de la otra donde estaba premeditada, preformada, virtualmente inclusa.

Cuando abrimos los ojos—se habrá observado— hay un primer instante en que los objetos penetran convulsos dentro del campo visual. Parece que se ensanchan, se estiran, se descoyuntan como si fueran de una corporeidad gaseosa a quien una ráfaga de viento atormenta. Mas poco a poco entra el orden. Primero se aquietan y fijan las cosas que caen en el centro de la visión, luego las que ocupan los bordes. Este aquietamiento y fijeza de los contornos procede de nuestra atención que las ha ordenado, es decir, que ha tendido entre ellas una red de relaciones. Una cosa no se puede fijar y confinar más que con otras. Si seguimos atendiendo a un objeto éste se irá fijando más porque iremos hallando en él más reflejos y conexiones de las cosas circundantes. El ideal sería hacer de cada cosa centro del universo.

Y esto es la profundidad de algo: lo que hay en ello de reflejo de lo demás, de alusión a lo demás.

El reflejo es la forma más sensible de existencia virtual de una cosa en otra. El «sentido» de una cosa es la forma suprema de su coexistencia con las demás, es su dimensión de profundidad. No, no me basta con tener la materialidad de una cosa, necesito, además, conocer el «sentido» que tiene, es decir, la sombra mística que sobre ella vierte el resto del universo.

Preguntémonos por el sentido de las cosas, o lo que es lo mismo, hagamos de cada una el centro virtual del mundo.

Pero ¿no es esto lo que hace el amor? Decir de un objeto que lo amamos y decir que es para nosotros centro del universo, lugar donde se anudan los hilos todos cuya trama es nuestra vida, nuestro mundo, ¿no son expresiones equivalentes? ¡Ah! Sin duda, sin duda. La doctrina es vieja y venerable: Platón ve en el «eros» un ímpetu que lleva a enlazar las cosas entre sí; es—dice—una fuerza unitiva y es la pasión de la síntesis. Por esto, en su opinión, la filosofía, que busca el sentido de las cosas, va inducida por el «eros». La meditación es ejercicio erótico. El concepto, rito amoroso.

Un poco extraña parece, acaso, la aproximación de la sensibilidad filosófica a esta inquietud muscular y este súbito hervor de la sangre que experimentamos cuando una moza valiente pasa a nuestra vera hiriendo el suelo con sus tacones. Extraña y equívoca y peligrosa, tanto para la filosofía como para nuestro trato con la mujer. Pero, acaso, lleva razón Nietzsche cuando nos envía su grito: «¡Vivid en peligro!»

MEDITACIÓN PRELIMINAR

Dejemos la cuestión para otra coyuntura [1]. Ahora nos interesa notar que si la impresión de una cosa nos da su materia, su carne, el concepto contiene todo aquello que esa cosa es en relación con las demás, todo ese superior tesoro con que queda enriquecido un objeto cuando entra a formar parte de una estructura.

Lo que hay entre las cosas es el contenido del concepto. Ahora bien, entre las cosas hay, por lo pronto, sus límites.

¿Nos hemos preguntado alguna vez dónde están los límites del objeto? ¿Están en él mismo? Evidentemente, no. Si no existiera más que un objeto aislado y señero, sería ilimitado. Un objeto acaba donde otro empieza. ¿Ocurrirá, entonces, que el límite de una cosa está en la otra? Tampoco, porque esta otra necesita, a su vez, ser limitada por la primera. ¿Dónde, pues?

Hegel escribe que donde está el límite de una cosa no está esta cosa. Según esto, los límites son como nuevas cosas virtuales que se interpolan e interyectan entre las materiales, naturalezas esquemáticas cuya misión consiste en marcar los confines de los seres, aproximarlos para que convivan y a la vez distanciarlos para que no se confundan y aniquilen. Esto es el concepto: no más, pero tampoco menos. Merced a él las cosas se respetan mutuamente y pueden venir a unión sin invadirse las unas a las otras.

---

[1] Sobre estas relaciones entre el pensar, la atención y el amor, así como sobre las distancias entre el amor y el impulso sexual, puede verse mi *Meditación de Don Juan* y *El Espectador*, tomos I y II.

10

EL CONCEPTO

Conviene a todo el que ame honrada, profundamente la futura España, suma claridad en este asunto de la misión que atañe al concepto. A primera vista, es cierto, parece tal cuestión demasiado académica para hacer de ella un menester nacional. Mas sin renunciar a la primera vista de una cuestión, ¿por qué no hemos de aspirar a una segunda y a una tercera vista?

Sería, pues, oportuno que nos preguntásemos: cuando además de estar viendo algo, tenemos su concepto, ¿qué nos proporciona éste sobre aquella visión? Cuando sobre el sentir el bosque en torno nuestro como un misterioso abrazo, tenemos el concepto del bosque, ¿qué salimos ganando? Por lo pronto, se nos presenta el concepto como una repetición o reproducción de la cosa misma, vaciada en una materia espectral. Pensamos en lo que los egipcios llamaban el *doble* de cada ser, umbrátil duplicación del organismo. Comparado con la cosa misma, el concepto no es más que un espectro o menos aún que un espectro.

Por consiguiente, a nadie que esté en su juicio le puede ocurrir cambiar su fortuna en cosas por una fortuna en espectros. El concepto no puede ser como una nueva cosa sutil destinada a suplantar las cosas materiales. La misión del concepto no estriba, pues, en desalojar la intuición, la impresión real. La razón no puede, no tiene que aspirar a sustituir la vida.

Esta misma oposición, tan usada hoy por los que no quieren trabajar, entre la razón y la vida es ya sospechosa. ¡Como si la razón no fuera una función vital y espontánea del mismo linaje que el ver o el palpar!

Avancemos un poco más. Lo que da al concepto ese carácter espectral es su contenido esquemático. De la cosa retiene el concepto meramente el esquema. Ahora bien: en un esquema poseemos sólo los límites de la cosa, la caja lineal donde la materia, la substancia real de la cosa queda inscrita. Y estos límites, según se ha indicado, no significan más que la relación en que un objeto se halla respecto de los demás. Si de un mosaico arrancamos uno de sus trozos, nos queda el perfil de éste en forma de hueco, limitado por los trozos confinantes. Del mismo modo el concepto expresa el lugar ideal, el ideal hueco que corresponde a cada cosa dentro del sistema de las realidades. Sin el concepto, no sabríamos bien dónde empieza ni dónde acaba una cosa; es decir, las cosas como impresiones son fugaces, huideras, se nos van de entre las manos, no las poseemos. Al atar el concepto unas con otras, las fija y nos las entrega prisioneras. Platón dice que las impresiones se nos escapan si no las ligamos con la razón, como, según la leyenda, las estatuas de Demetrios huían nocturnamente de los jardines si no se las ataba.

Jamás nos dará el concepto lo que nos da la impresión, a saber: la carne de las cosas. Pero esto no obedece a una insuficiencia del concepto, sino a que el concepto no pretende tal oficio. Jamás nos dará la impresión lo que nos da el concepto, a saber: la forma, el sentido físico y moral de las cosas.

De suerte que, si devolvemos a la palabra percepción su valor etimológico—donde se alude a coger, apresar—el concepto será el verdadero instrumento u órgano de la percepción y apresamiento de las cosas.

Agota, pues, su misión y su esencia, con ser no una nueva cosa, sino un órgano o aparato *para* la posesión de las cosas.

Muy lejos nos sentimos hoy del dogma hegeliano, que hace del pensamiento substancia última de toda realidad. Es demasiado ancho el mundo y demasiado rico para que asuma el pensamiento la responsabilidad de cuanto en él ocurre. Pero al destronar la razón, cuidemos de ponerla en su lugar. No todo es pensamiento, pero sin él no poseemos nada con plenitud[1].

Esta es la adehala que sobre la impresión nos ofrece el concepto; cada concepto es literalmente un órgano con que captamos las cosas. Sólo la visión mediante el concepto es una visión completa; la sensación nos da únicamente la materia difusa y plasmable de cada objeto; nos da la impresión de las cosas, no las cosas.

---

[1] Véase en la *Meditación de Don Juan* algo sobre las relaciones entre razón y vida.

11

CULTURA.—SEGURIDAD

Sólo cuando algo ha sido pensado, cae debajo de nuestro poder. Y sólo cuando están sometidas las cosas elementales, podemos adelantarnos hacia las más complejas.

Toda progresión de dominio y aumento de territorios morales, supone la tranquila, definitiva posesión de otros donde nos apoyamos. Si nada es seguro bajo nuestras plantas, fracasarán todas las conquistas superiores.

Por esto una cultura impresionista está condenada a no ser una cultura progresiva. Vivirá de modo discontinuo, podrá ofrecer grandes figuras y obras aisladas a lo largo del tiempo, pero todas retenidas en el mismo plano. Cada genial impresionista vuelve a tomar el mundo de la nada, no allí donde otro genial antecesor lo dejó.

¿No es esta la historia de la cultura española? Todo genio español ha vuelto a partir del caos, como si nada hubiera sido antes. Es innegable que a esto se debe el carácter bronco, originario, áspero de nuestros grandes artistas y hombres de acción. Sería incomprensivo desdeñar esta virtud; sería necio, tan necio como creer que con esa virtud basta, que esa virtud es toda la virtud.

Nuestros grandes hombres se caracterizan por una

psicología de adanes. Goya es Adán—un primer hombre.

El espíritu de sus cuadros—cambiando la indumentaria y lo más externo de la técnica, que resume las mayores delicadezas del siglo XVIII anglo-francés —sería transferible al siglo X después de Jesucristo, y aun al siglo X antes de Jesucristo. Encerrado en la cueva de Altamira, Goya hubiera sido el pintor de los *uros* o toros salvajes. Hombre sin edad, ni historia, Goya representa — como acaso España — una forma paradójica de la cultura: la cultura salvaje, la cultura sin ayer, sin progresión, sin seguridad; la cultura en perpetua lucha con lo elemental, disputando todos los días la posesión del terreno que ocupan sus plantas. En suma, cultura fronteriza.

No se dé a estas palabras ningún sentido estimativo. Yo no pretendo decir ahora que la cultura española valga menos ni más que otra. No se trata de avalorar, sino de comprender lo español. Desertemos de la vana ocupación ditirámbica con que los eruditos han tratado los hechos españoles. Ensayemos fórmulas de comprensión e inteligencia; no sentenciemos, no tasemos. Sólo así podrá llegar un día en que sea fecunda la afirmación de españolismo.

El caso Goya ilumina perfectamente lo que ahora intento decir. Nuestra emoción—me refiero a la emoción de quien sea capaz de emociones sinceras y hondas—es acaso fuerte y punzante ante sus lienzos, pero no es segura. Un día nos arrebata en su frenético dinamismo, y otro día nos irrita con su caprichosidad y falta de sentido. Es siempre problemático lo que vierte el atroz aragonés en nuestros corazones.

Pudiera ocurrir que esa indocilidad fuera el síntoma de todo lo definitivamente grande. Pudiera ocurrir todo lo contrario. Pero es un hecho que los productos mejores de nuestra cultura contienen un equívoco, una peculiar inseguridad.

En cambio, la preocupación que, como un nuevo temblor, comienza a levantarse en los pechos de Grecia para extenderse luego sobre las gentes del continente europeo, es la preocupación por la seguridad, la firmeza—τό ασφαλής—[1]. Cultura—meditan, prueban, cantan, predican, sueñan los hombres de ojos negros en Jonia, en Ática, en Sicilia, en la magna Grecia—es lo firme frente a lo vacilante, es lo fijo frente a lo huidero, es lo claro frente a lo obscuro. Cultura no es la vida toda, sino sólo el momento de seguridad, de firmeza, de claridad. E inventan el concepto como instrumento, no para sustituir la espontaneidad vital, sino para asegurarla.

12

LA LUZ COMO IMPERATIVO

Una vez reducida a su punto la misión del concepto, una vez manifiesto que no podrá nunca darnos la carne del universo, no corro el riesgo de parecer demasiado intelectualista si cerceno levemente lo dicho más arriba sobre las varias suertes de claridad.

---

[1] Platón, véase *Fedon*, 100 D, 101 D.

Hay ciertamente una peculiar manera de ser claras las superficies y otra de ser claro lo profundo. Hay claridad de impresión y claridad de meditación.

Sin embargo, ya que se nos presenta la cuestión en tono de polémica, ya que con la supuesta claridad latina se quiere negar la claridad germánica, no puedo menos de confesar todo mi pensamiento.

Mi pensamiento—¡y no sólo mi pensamiento!— tiende a recoger en una fuerte integración toda la herencia familiar. Mi alma es oriunda de padres conocidos: yo no soy sólo mediterráneo. No estoy dispuesto a confinarme en el rincón ibero de mí mismo. Necesito toda la herencia para que mi corazón no se sienta miserable. Toda la herencia y no sólo el haz de áureos reflejos que vierte el sol sobre la larga turquesa marina. Vuelcan mis pupilas dentro de mi alma las visiones luminosas; pero del fondo de ellas se levantan a la vez enérgicas meditaciones. ¿Quién ha puesto en mi pecho estas reminiscencias sonoras, donde—como en un caracol los alientos oceánicos— perviven las voces íntimas que da el viento en los senos de las selvas germánicas? ¿Por qué el español se obstina en vivir anacrónicamente consigo mismo? ¿Por qué se olvida de su herencia germánica? Sin ella—no hay duda—padecería un destino equívoco. Detrás de las facciones mediterráneas parece esconderse el gesto asiático o africano, y en éste—en los ojos, en los labios asiáticos o africanos—yace como sólo adormecida la bestia infrahumana, presta a invadir la entera fisonomía.

Y hay en mí una substancial, cósmica aspiración a levantarme de la fiera como de un lecho sangriento.

MEDITACIÓN PRELIMINAR

No me obliguéis a ser sólo español, si español sólo significa para vosotros hombre de la costa reverberante. No metáis en mis entrañas guerras civiles; no azucéis al ibero que va en mí con sus ásperas, hirsutas pasiones contra el blondo germano, meditativo y sentimental, que alienta en la zona crepuscular de mi alma. Yo aspiro a poner paz entre mis hombres interiores y los empujo hacia una colaboración.

Para esto es necesario una jerarquía. Y entre las dos claridades es menester que hagamos la una eminente.

Claridad significa tranquila posesión espiritual, dominio suficiente de nuestra conciencia sobre las imágenes, un no padecer inquietud ante la amenaza de que el objeto apresado nos huya.

Pues bien: esta claridad nos es dada por el concepto. Esta claridad, esta seguridad, esta plenitud de posesión trascienden a nosotros de las obras continentales y suelen faltar en el arte, en la ciencia, en la política española. Toda labor de cultura es una interpretación — esclarecimiento, explicación o exégesis—de la vida. La vida es el texto eterno, la retama ardiente al borde del camino donde Dios da su voces. La cultura—arte o ciencia o política—es el comentario, es aquel modo de la vida en que, refractándose ésta dentro de sí misma, adquiere pulimento y ordenación. Por esto no puede nunca la obra de cultura conservar el carácter problemático anejo a todo lo simplemente vital. Para dominar el indócil torrente de la vida medita el sabio, tiembla el poeta y levanta la barbacana de su volutad el héroe político. ¡Bueno fuera que el producto de todas estas solicitudes no llevara a más que a duplicar el problema del universo! No, no; el hombre tiene una misión de claridad sobre la tierra. Esta misión no le ha sido revelada por un Dios ni le es impuesta desde fuera por nadie ni por nada. La lleva dentro de sí, es la raíz misma de su constitución. Dentro de su pecho se levanta perpetuamente una inmensa ambición de claridad—como Goethe, haciéndose un lugar en la hilera de las altas cimas humanas, cantaba:

> *Yo me declaro del linaje de esos*
> *Que de lo oscuro hacia lo claro aspiran.*

Y a la hora de morir, en la plenitud de un día, cara a la primavera inminente, lanza en un clamor postrero un último deseo, la última saeta del viejo arquero ejemplar:

> *¡Luz, más luz!*

Claridad no es vida, pero es la plenitud de la vida.

¿Cómo conquistarla sin el auxilio del concepto? Claridad dentro de la vida, luz derramada sobre las cosas es el concepto. Nada más. Nada menos.

Cada nuevo concepto es un nuevo órgano que se abre en nosotros sobre una porción del mundo, tácita antes e invisible. El que os da una idea os aumenta la vida y dilata la realidad en torno vuestro. Literalmente exacta es la opinión platónica de que no miramos con los ojos, sino al través o por medio de los ojos; miramos con los conceptos[1]. *Idea* en Platón quería decir punto de vista.

Frente a lo problemático de la vida, la cultura —en la medida en que es viva y auténtica— representa el tesoro de los principios. Podremos disputar sobre cuáles sean los principios suficientes para resolver aquel problema; pero sean cualesquiera, tendrán que ser principios. Y para poder ser algo principio, tiene que comenzar por no ser a su vez problema. Esta es la dificultad con que tropieza la religión y que la ha mantenido siempre en polémica con otras formas de la humana cultura, sobre todo con la razón. El espíritu religioso refiere el misterio que es la vida a misterios todavía más intensos y peraltados. Al fin y al cabo, la vida se nos presenta como un problema acaso soluble o, cuando menos, no *a limine* insoluble.

13

INTEGRACIÓN

La obra de arte no tiene menos que las restantes formas del espíritu esta misión esclarecedora, si se quiere *luciferina*. Un estilo artístico que no contenga la clave de la interpretación de sí mismo, que consista en una mera reacción de una parte de la vida —el corazón individual— al resto de ella producirá sólo valores equívocos. Hay en los grandes estilos

---

[1] Véase el diálogo *Teetetos*.

como un ambiente estelar o de alta sierra en que la vida se refracta vencida y superada, transida de claridad. El artista no se ha limitado a dar versos como flores en marzo el almendro: se ha levantado sobre sí mismo, sobre su espontaneidad vital; se ha cernido en majestuosos giros aguileños sobre su propio corazón y la existencia en derredor. Al través de sus ritmos, de sus armonías de color y de línea, de sus percepciones y sus sentimientos, descubrimos en él un fuerte poder de reflexión, de meditación. Bajo las formas más diversas, todo grande estilo encierra un fulgor de mediodía y es serenidad vertida sobre las borrascas.

Esto ha solido faltar en nuestras producciones castizas. Nos encontramos ante ellas como ante la vida. ¡He aquí su grande virtud!—se dice. ¡He aquí su grave defecto!—respondo yo. Para vida, para espontaneidad, para dolores y tinieblas me bastan con los míos, con los que ruedan por mis venas; me basto yo con mi carne y mis huesos y la gota de fuego sin llama de mi conciencia puesta sobre mi carne y sobre mis huesos. Ahora necesito claridad, necesito sobre mi vida un amanecer. Y estas obras castizas son meramente una ampliación de mi carne y de mis huesos y un horrible incendio que repite el de mi ánimo. Son como yo, y yo voy buscando algo que sea más que yo—más seguro que yo.

Representamos en el mapa moral de Europa el extremo predominio de la impresión. El concepto no ha sido nunca nuestro elemento. No hay duda que seríamos infieles a nuestro destino si abandonáramos la enérgica afirmación de impresionismo yacente en nuestro pasado. Yo no propongo ningún abandono, sino todo lo contrario: una integración.

Tradición castiza no puede significar, en su mejor sentido, otra cosa que lugar de apoyo para las vacilaciones individuales—una tierra firme para el espíritu. Esto es lo que no podrá nunca ser nuestra cultura si no afirma y organiza su sensualismo en el cultivo de la meditación.

El caso del *Quijote* es, en éste como en todo orden, verdaderamente representativo. ¿Habrá un libro más profundo que esta humilde novela de aire burlesco? Y, sin embargo, ¿qué es el *Quijote*? ¿Sabemos bien lo que de la vida aspira a sugerirnos? Las breves iluminaciones que sobre él han caído proceden de almas extranjeras: Schelling, Heine, Turguenef... Claridades momentáneas e insuficientes. Para esos hombres era el *Quijote* una divina curiosidad: no era, como para nosotros, el problema de su destino.

Seamos sinceros: el *Quijote* es un equívoco. Todos los ditirambos de la elocuencia nacional no han servido de nada. Todas las rebuscas eruditas en torno a la vida de Cervantes no han aclarado ni un rincón del colosal equívoco. ¿Se burla Cervantes? ¿Y de qué se burla? Lejos, sola en la abierta llanada manchega la larga figura de Don Quijote se encorva como un signo de interrogación: y es como un guardián del secreto español, del equívoco de la cultura española. ¿De qué se burlaba aquel pobre alcabalero desde el fondo de una cárcel? ¿Y qué cosa es burlarse? ¿Es burla forzosamente una negación?

No existe libro alguno cuyo poder de alusiones

simbólicas al sentido universal de la vida sea tan grande, y, sin embargo, no existe libro alguno en que hallemos menos anticipaciones, menos indicios para su propia interpretación. Por esto, confrontado con Cervantes, parece Shakespeare un ideólogo. Nunca falta en Shakespeare como un contrapunto reflexivo, una sutil línea de conceptos en que la comprensión se apoya.

Unas palabras de Hebbel, el gran dramaturgo alemán del pasado siglo, aclaran lo que intento ahora expresar: «Me he solido dar siempre cuenta en mis trabajos —dice— de un cierto fondo de ideas: se me ha acusado de que partiendo de él formaba yo mis obras; pero esto no es exacto. Ese fondo de ideas ha de entenderse como una cadena de montañas que cerrara el paisaje.» Algo así creo yo que hay en Shakespeare: una línea de conceptos puestos en el último plano de la inspiración como pauta delicadísima donde nuestros ojos se orientan mientras atravesamos su fantástica selva de poesía. Más o menos, Shakespeare se explica siempre a sí mismo.

¿Ocurre esto en Cervantes? ¿No es, acaso, lo que se quiere indicar cuando se le llama realista, su retención dentro de las puras impresiones y su apartamiento de toda fórmula general e ideológica? ¿No es, tal vez, esto el don supremo de Cervantes?

Es, por lo menos, dudoso que haya otros libros españoles verdaderamente profundos. Razón de más para que concentremos en el *Quijote* la magna pregunta: Dios mío, ¿qué es España? En la anchura del orbe, en medio de las razas innumerables, perdida en el ayer ilimitado y el mañana sin fin, bajo la frialdad inmensa y cósmica del parpadeo astral, ¿qué es esta España, este promontorio espiritual de Europa, esta como proa del alma continental?

¿Dónde está—decidme—una palabra clara, una sola palabra radiante que pueda satisfacer a un corazón honrado y a una mente delicada, una palabra que alumbre el destino de España?

¡Desdichada la raza que no hace un alto en la encrucijada antes de proseguir su ruta, que no se hace un problema de su propia intimidad; que no siente la heroica necesidad de justificar su destino, de volcar claridades sobre su misión en la historia!

El individuo no puede orientarse en el universo sino al través de su raza, porque va sumido en ella como la gota en la nube viajera.

14

PARÁBOLA

Cuenta Parny que en su viaje polar avanzó un día entero en dirección Norte, haciendo galopar valientemente los perros de su trineo. A la noche verificó las observaciones para determinar la altura a que se hallaba, y, con gran sorpresa, notó que se encontraba mucho más al Sur que de mañana. Durante todo el día habíase afanado hacia el Norte corriendo sobre un inmenso témpano al que una corriente oceánica arrastraba hacia el Sur.

15

LA CRÍTICA COMO PATRIOTISMO

Lo que hace problema a un problema es contener una contradicción real. Nada, en mi opinión, nos importa hoy tanto como aguzar nuestra sensibilidad para el problema de la cultura española, es decir, sentir a España como contradicción. Quien sea incapaz de esto, quien no perciba el equívoco subterráneo sobre que pisan nuestras plantas, nos servirá de muy poco.

Conviene que nuestra meditación penetre hasta la última capa de conciencia étnica, que someta a análisis sus últimos tejidos, que revise todos los supuestos nacionales sin aceptar supersticiosamente ninguno.

Dicen que toda la sangre puramente griega que queda hoy en el mundo cabría en un vaso de vino. ¿Cuán difícil no será encontrar una gota de pura sangre helénica? Pues bien, yo creo que es mucho más difícil encontrar ni hoy ni en otro tiempo verdaderos españoles. De ninguna especie existen acaso ejemplares menos numerosos.

Hay, es cierto, quienes piensan de otra suerte. Nace la discrepancia de que, usada tan a menudo, la palabra «español» corre el riesgo de no ser entendida en toda su dignidad. Olvidamos que es, en definitiva, cada raza un ensayo de una nueva manera de vivir, de una nueva sensibilidad. Cuando la raza consigue desenvolver plenamente sus energías pecu-

liares, el orbe se enriquece de un modo incalculable:
la nueva sensibilidad suscita nuevos usos e instituciones, nueva arquitectura y nueva poesía, nuevas ciencias y nuevas aspiraciones, nuevos sentimientos y nueva religión. Por el contrario, cuando una raza fracasa, toda esta posible novedad y aumento quedan irremediablemente nonatos, porque la sensibilidad que los crea es intransferible. Un pueblo es un estilo de vida, y como tal, consiste en cierta modulación simple y diferencial que va organizando la materia en torno[1]. Causas exteriores desvían a lo mejor de su ideal trayectoria este movimiento de organización creadora en que se va desarrollando el estilo de un pueblo, y el resultado es el más monstruoso y lamentable que cabe imaginar. Cada paso de avance en ese proceso de desviación soterra y oprime más la intención original, la va envolviendo en una costra muerta de productos fracasados, torpes, insuficientes. Cada día es ese pueblo menos lo que tenía que haber sido.

Como éste es el caso de España, tiene que parecernos perverso un patriotismo sin perspectiva, sin jerarquías, que acepta como español cuanto ha tenido a bien producirse en nuestras tierras, confundiendo las más ineptas degeneraciones con lo que es a España esencial.

¿No es un cruel sarcasmo que luego de tres siglos y medio de descarriado vagar, se nos proponga seguir

---

[1] Estas ideas de 1914 han tenido un espléndido e independiente desarrollo en la obra de Oswald Spengler, *La decadencia de Occidente*, publicada en 1918.

la tradición nacional? ¡La tradición! La realidad tradicional en España ha consistido precisamente en el aniquilamiento progresivo de la posibilidad España. No, no podemos seguir la tradición. Español significa para mí una altísima promesa que sólo en casos de extrema rareza ha sido cumplida. No, no podemos seguir la tradición; todo lo contrario: tenemos que ir contra la tradición, más allá de la tradición. De entre los escombros tradicionales, nos urge salvar la primaria substancia de la raza, el módulo hispánico, aquel simple temblor español ante el caos. Lo que suele llamarse España no es eso, sino justamente el fracaso de eso. En un grande, doloroso incendio habríamos de quemar la inerte apariencia tradicional, la España que ha sido, y luego, entre las cenizas bien cribadas, hallaremos como una gema iridiscente la España que pudo ser.

Para ello será necesario que nos libertemos de la superstición del pasado, que no nos dejemos seducir por él como si España estuviese inscrita en su pretérito. Los marinos mediterráneos averiguaron que sólo un medio había para salvarse del canto mortal que hacen las sirenas, y era cantarlo del revés. Así, los que amen hoy las posibilidades españolas tienen que cantar a la inversa la leyenda de la historia de España, a fin de llegar a su través hasta aquella media docena de lugares donde la pobre víscera cordial de nuestra raza da sus puros e intensos latidos.

Una de estas experiencias esenciales es Cervantes, acaso la mayor. He aquí una plenitud española. He aquí una palabra que en toda ocasión podemos blandir como si fuera una lanza. ¡Ah! Si supiéramos con

MEDITACIÓN PRELIMINAR

evidencia en qué consiste el estilo de Cervantes, la manera cervantina de acercarse a las cosas, lo tendríamos todo logrado. Porque en estas cimas espirituales reina inquebrantable solidaridad y un estilo poético lleva consigo una filosofía y una moral, una ciencia y una política. Si algún día viniera alguien y nos descubriera el perfil del estilo de Cervantes, bastaría con que prolongáramos sus líneas sobre los demás problemas colectivos para que despertáramos a nueva vida. Entonces, si hay entre nosotros coraje y genio, cabría hacer con toda pureza el nuevo ensayo español.

Mas en tanto que ese alguien llega, contentémonos con vagas indicaciones, más fervorosas que exactas, procurando mantenernos a una distancia respetuosa de la intimidad del gran novelista; no vaya a ser que por acercarnos demasiado digamos alguna cosa poco delicada o extravagante. Tal aconteció en mi entender al más famoso maestro de literatura española, cuando hace no muchos años pretendió resumir a Cervantes diciendo que su característica era... el buen sentido. Nada hay tan peligroso como tomarse estas confianzas con un semidiós—aunque éste sea un semidiós alcabalero.

Tales fueron los pensamientos suscitados por una tarde de primavera en el boscaje que ciñe el Monasterio del Escorial, nuestra gran piedra lírica. Ellos me llevaron a la resolución de escribir estos ensayos sobre el *Quijote.*

El azul crepuscular había inundado todo el paisaje. Las voces de los pájaros yacían dormidas en sus menudas gargantas. Al alejarme de las aguas que corrían, entré en una zona de absoluto silencio. Y mi corazón salió entonces del fondo de las cosas, como un actor se adelanta en la escena para decir las últimas palabras dramáticas. Paf... paf... Comenzó el rítmico martilleo y por él se filtró en mi ánimo una emoción telúrica. En lo alto, un lucero latía al mismo compás, como si fuera un corazón sideral, hermano gemelo del mío, y como el mío, lleno de asombro y de ternura por lo maravilloso que es el mundo.

MEDITACION PRIMERA

(BREVE TRATADO DE LA NOVELA)

Vamos, primero, a pensar un poco sobre lo que parece más externo del *Quijote*. Se dice de él que es una novela; se añade, acaso con razón, que es la primera novela en el orden del tiempo y del valor. No pocas de las satisfacciones que halla en su lectura el lector contemporáneo proceden de lo que hay en el Quijote común con un género de obras literarias, predilecto de nuestro tiempo. Al resbalar la mirada por las viejas páginas, encuentra un tono de modernidad que aproxima certeramente el libro venerable a nuestros corazones: lo sentimos tan cerca, por lo menos, de nuestra más profunda sensibilidad, como puedan estarlo Balzac, Dickens, Flaubert, Dostoievsky, labradores de la novela contemporánea.

Pero ¿qué es una novela?

Acaso anda fuera de la moda disertar sobre la esencia de los géneros literarios. Tiénese el asunto por retórico. Hay quien niega hasta la existencia de géneros literarios.

No obstante, nosotros, fugitivos de las modas y

resueltos a vivir entre gentes apresuradas con una calma faraónica, vamos a preguntarnos: ¿qué es una novela?

1

GÉNEROS LITERARIOS

La antigua poética entendía por géneros literarios ciertas reglas de creación a que el poeta había de ajustarse, vacíos esquemas, estructuras formales dentro de quienes la musa, como una abeja dócil, deponía su miel. En este sentido no hablo yo de géneros literarios. La forma y el fondo son inseparables y el fondo poético fluye libérrimamente sin que quepa imponerle normas abstractas.

Pero, no obstante, hay que distinguir entre fondo y forma: no son una misma cosa. Flaubert decía: «la forma sale del fondo como el calor del fuego». La metáfora es exacta. Más exacto aún sería decir que la forma es el órgano y el fondo la función que lo va creando. Pues bien, los géneros literarios son las funciones poéticas, direcciones en que gravita la generación estética.

La propensión moderna a negar la distinción entre el fondo o tema y la forma o aparato expresivo de aquél, me parece tan trivial como su escolástica separación. Se trata, en realidad, de la misma diferencia que existe entre una dirección y un camino. Tomar una dirección no es lo mismo que haber caminado hasta la meta que nos propusimos. La piedra que se lanza lleva en sí predispuesta la curva de su aérea excursión. Esta curva viene a ser como la explicación, desarrollo y cumplimiento del impulso original.

Así es la tragedia la expansión de un cierto tema poético fundamental y sólo de él, es la expansión de lo trágico. Hay, pues, en la forma lo mismo que había en el fondo; pero en aquélla está manifiesto, articulado, desenvuelto, lo que en éste se hallaba con el carácter de tendencia o pura intención. De aquí proviene la inseparabilidad entre ambos; como que son dos momentos distintos de una misma cosa,

Entiendo, pues, por géneros literarios, a la inversa que la poética antigua, ciertos temas radicales, irreductibles entre sí, verdaderas categorías estéticas. La epopeya, por ejemplo, no es el nombre de una forma poética sino de un fondo poético substantivo que en el progreso de su expansión o manifestación llega a la plenitud. La lírica no es un idioma convencional al que puede traducirse lo ya dicho en idioma dramático o novelesco, sino a la vez una cierta cosa a decir y la manera única de decirlo plenamente.

De uno u otro modo, es siempre el hombre el tema esencial del arte. Y los géneros entendidos como temas estéticos irreductibles entre sí, igualmente necesarios y últimos, son amplias vistas que se toman sobre las vertientes cardinales de lo humano. Cada época trae consigo una interpretación radical del hombre. Mejor dicho, no la trae consigo, sino que cada época es eso. Por esto, cada época prefiere un determinado género.

2

NOVELAS EJEMPLARES

Durante la segunda mitad del siglo XIX, las gentes de Europa se satisfacían leyendo novelas.

No hay duda de que cuando el transcurso del tiempo haya cribado bien los hechos innumerables que compusieron esa época, quedará como un fenómeno ejemplar y representativo el triunfo de la novela.

Sin embargo, ¿es asunto claro qué deba entenderse en la palabra novela? Cervantes llamó «Novelas ejemplares» a ciertas producciones menores suyas. ¿No ofrece dificultades la comprensión de este título?

Lo de «ejemplares» no es tan extraño: esa sospecha de moralidad que el más profano de nuestros escritores vierte sobre sus cuentos, pertenece a la heroica hipocresía ejercitada por los hombres superiores del siglo XVII. Este siglo, en que rinde sus cosechas áureas la gran siembra espiritual del Renacimiento, no halla empacho en aceptar la contrarreforma y acude a los colegios de jesuítas. Es el siglo en que Galileo, después de instaurar la nueva física, no encuentra inconveniente en desdecirse cuando la Iglesia romana le impone su áspera mano dogmática. Es el siglo en que Descartes, apenas descubre el principio de su método, que va a hacer de la teología *ancilla philosophiae,* corre a Loreto para agradecer a Nuestra Señora la ventura de tal descubrimiento. Este siglo de católicos triunfos no es tan mala sazón que no puedan llegar, por vez primera, a levantarse en él los grandes sistemas racionalistas, formidables barbacanas erectas contra la fe. Vaya este recuerdo para los que, con envidiable simplismo, cargan sobre la Inquisición toda la culpa de que España no haya sido más meditabunda.

Pero volvamos al título de novelas que da Cervantes a su colección. Yo hallo en ésta dos series muy distintas de composiciones, sin que sea decir que no interviene en la una algo del espíritu de la otra. Lo importante es que prevalezca inequívocamente una intención artística distinta en ambas series, que gravite en ellas hacia diversos centros la generación poética. ¿Cómo es posible introducir dentro de un mismo género *El amante liberal, La española inglesa, La fuerza de la sangre, Las dos doncellas,* de un lado, y *Rinconete* y *El celoso extremeño,* de otro? Marquemos en pocas palabras la diferencia: en la primera serie nos son referidos casos de amor y fortuna. Son hijos que, arrancados al árbol familiar, quedan sometidos a imprevistas andanzas; son mancebos que, arrebatados por un vendaval erótico, cruzan vertiginosos el horizonte como astros errantes y encendidos; son damiselas transidas y andariegas, que dan hondos suspiros en los cuartos de las ventas y hablan en compás ciceroniano de su virginidad maltrecha. A lo mejor, en una de tales ventas vienen a anudarse tres o cuatro de estos hilos incandescentes tendidos por el azar y la pasión entre otras tantas parejas de corazones: con grande estupor del ambiente venteril sobrevienen entonces las más extraordinarias anagnórisis y coincidencias. Todo lo que en estas novelas se nos cuenta es inverosímil y el interés que su lectura nos proporciona nace de su inverosimilitud misma. El *Persiles,* que es como una larga novela ejemplar de este tipo, nos garantiza que Cervantes quiso la inverosimilitud como tal inverosimilitud[1]. Y el hecho de que cerrara con este libro su ciclo de creación, nos invita a no simplificar demasiado las cosas.

Ello es que los temas referidos por Cervantes en parte de su novelas son los mismos venerables temas inventados por la imaginación aria, muchos, muchos siglos hace. Tantos siglos hace, que los hallaremos preformados en los mitos originales de Grecia y del Asia occidental. ¿Creéis que debemos llamar «novela» al género literario que comprende esta primera serie cervantina? No hay inconveniente; pero haciendo constar que este género literario consiste en la narración de sucesos inverosímiles, inventados, irreales.

Cosa bien distinta parece intentada en la otra serie de que podemos hacer representante a *Rinconete y Cortadillo.* Aquí apenas si pasa nada; nuestros ánimos no se sienten solicitados por dinámicos apasionamientos ni se apresuran de un párrafo al siguiente para descubrir el sesgo que toman los asuntos. Si se avanza un paso es con el fin de tomar nuevo descanso

---

[1] Sobre las relaciones entre lo inverosímil y lo poético puede verse, además de lo que sigue, la *Teoría de la inverosimilitud* en el ensayo sobre *Renán,* publicado en el tomo del autor *Personas, obras, cosas.*

y extender la mirada en derrededor. Ahora se busca una serie de visiones estáticas y minuciosas. Los personajes y los actos de ellos andan tan lejos de ser insólitos e increíbles que ni siquiera llegan a ser interesantes. No se me diga que los mozalbetes pícaros Rincón y Cortado; que las revueltas damas Gananciosa y Cariharta; que el rufián Repolido, etc., poseen en sí mismos atractivo alguno. Al ir leyendo, con efecto, nos percatamos de que no son ellos, sino la representación que el autor nos da de ellos, quien logra interesarnos. Más aún: si no nos fueran indiferentes de puro conocidos y usuales, la obra conduciría nuestra emoción estética por muy otros caminos. La insignificancia, la indiferencia, la verosimilitud de estas criaturas, son aquí esenciales.

El contraste con la intención artística que manifiesta la serie anterior no puede ser más grande. Allí eran los personajes mismos y sus andanzas mismas motivo de una fruición estética; el escritor podía reducir al mínimo su intervención. Aquí, por el contrario, sólo nos interesa el modo cómo el autor deja reflejarse en su retina las vulgares fisonomías de que nos habla. No faltó a Cervantes clara conciencia de esta diversidad cuando escribe en el *Coloquio de los Perros:*

«Quiérote advertir de una cosa, de la cual verás la experiencia cuando te cuente los sucesos de mi vida, y es que los cuentos, unos encierran y tienen la gracia en ellos mismos; otros, en el modo de contarlos; quiero decir, que algunos hay, que aunque se cuentan sin preámbulos y ornamentos de palabras, dan contento; otros hay, que es menester vestirlos de palabras, y con demostraciones del rostro y de las manos, y con mudar la voz se hacen algo de nonada, y de flojos y desmayados se vuelven agudos y gustosos.»

¿Qué es, pues, novela?

3

ÉPICA

Una cosa es, por lo pronto, muy clara: lo que el lector de la pasada centuria buscaba tras el título «novela» no tiene nada que ver con lo que la edad antigua buscaba en la épica. Hacer de ésta derivarse aquélla, es cerrarnos el camino para comprender las vicisitudes de género novelesco, dado que por tal entendamos principalmente la evolución literaria que vino a madurar en la novela del siglo XIX.

Novela y épica son justamente lo contrario. El tema de la épica es el pasado como tal pasado: háblasenos en ella de un mundo que fué y concluyó, de una edad mítica cuya antigüedad no es del mismo modo un pretérito que lo es cualquier tiempo histórico remoto. Cierto que la piedad local fué tendiendo unos hilos tenues entre los hombres y dioses homéricos y los ciudadanos del presente; pero esta red de tradiciones genealógicas no logra hacer viable la distancia absoluta que existe entre el *ayer* mítico y el hoy real. Por muchos *ayer* reales que interpole-

MEDITACIÓN PRIMERA

mos, el orbe habitado por los Aquiles y los Agamemnon no tiene comunicación con nuestra existencia y no podemos llegar a ellos paso a paso, desandando el camino hacia atrás que el tiempo abrió hacia delante. El pasado épico no es *nuestro* pasado. Nuestro pasado no repugna que lo consideremos como habiendo sido presente alguna vez. Mas el pasado épico huye de todo presente, y cuando queremos con la reminiscencia llegarnos hasta él, se aleja de nosotros galopando como los caballos de Diómedes, y mantiene una eterna, idéntica distancia. No es, no, el pasado del recuerdo, sino un pasado ideal.

Si el poeta pide a la *Mneme,* a la Memoria, que le haga saber los dolores aqueos, no acude a su memoria subjetiva, sino a una fuerza cósmica de recordar que supone latiendo en el universo. La *Mneme* no es la reminiscencia del individuo, sino un poder elemental.

Esta esencial lejanía de lo legendario libra a los objetos épicos de la corrupción. La misma causa que nos impide acercarlos demasiado a nosotros y proporcionarles una excesiva juventud—la de lo presente—, conserva sus cuerpos inmunes a la obra de la vejez. Y el eterno frescor y la sobria fragancia perenne de los cantos homéricos, más bien que una tenaz juventud, significan la incapacidad de envejecer. Porque la vejez no lo sería si se detuviera. Las cosas se hacen viejas porque cada hora, al transcurrir, las aleja más de nosotros, y esto indefinidamente. Lo viejo es cada vez más viejo. Aquiles, empero, está a igual distancia de nosotros que de Platón.

4

POESÍA DEL PASADO

Conviene hacer almoneda de los juicios que mereció Homero a la filología de hace cien años. Homero no es la ingenuidad, ni es un temperamento de alborada. Nadie ignora hoy que la *Ilíada,* por lo menos nuestra *Ilíada,* no ha sido nunca entendida por el pueblo. Es decir, que fué desde luego una obra arcaizante. El rapsoda compone en un lenguaje convencional que le sonaba a él mismo como algo viejo, sacramental y rudo. Las costumbres que presta a los personajes son también de vetusta aspereza.

¿Quién lo diría? ¡Homero, un arcaizante: la infancia de la poesía consistiendo en una ficción arqueológica! ¿Quién lo diría? Y no se trata meramente de que en la épica haya arcaísmo, sino de que la épica es arcaísmo, y esencialmente no es sino arcaísmo. El tema de la épica es el pasado ideal, la absoluta antigüedad, decíamos. Ahora añadimos que el arcaísmo es la forma literaria de la épica, el instrumento de poetización.

Esto me parece de una importancia suma para que veamos claro el sentido de la novela. Después de Homero fueron necesarios a Grecia muchos siglos hasta aceptar lo actual como posibilidad poética. En rigor no lo aceptó nunca *ex abundantia cordis*. Poético estrictamente era para Grecia sólo lo antiguo, mejor aún, lo primario en el orden del tiempo. No lo antiguo del romanticismo, que se parece demasiado a lo antiguo de los chamarileros y ejerce una atracción morbosa, suscitando pervertidas complacencias por lo que tiene de ruinoso, de carcomido, de fermentado, de caduco. Todas estas cosas moribundas contienen sólo una belleza refleja, y no son ellas, sino las nubes de emoción que su aspecto en nosotros levanta fuente de poesía. Mas para el griego fué belleza un atributo íntimo de las cosas esenciales: lo accidental y momentáneo le parecía exento de ella. Tuvieron un sentido racionalista de la estética[1] que les impedía separar el valor poético de la dignidad metafísica. Bello juzgaban lo que contiene en sí el origen y la norma, la causa y el módulo de los fenómenos. Y este universo cerrado del mito épico está compuesto exclusivamente de objetos esenciales y ejemplares que fueron realidad cuando este mundo nuestro no había comenzado aún a existir.

Del orbe épico al que nos rodea no había comunicación, compuerta ni resquicio. Toda esta vida nuestra con su hoy y con su ayer pertenece a una segunda etapa de la vida cósmica. Formamos parte de una realidad sucedánea y decaída: los hombres que nos rodean no lo son en el mismo sentido que Ulises y Héctor. Hasta el punto que no sabemos bien si Ulises y Héctor son hombres o son dioses. Los dioses estaban entonces más al nivel de los hombres, porque éstos eran divinos. ¿Dónde acaba el dios y empieza

---

[1] El concepto de *proporción*, de *medida* que acude siempre al labio heleno cuando habla de arte, ostenta bien a la vista su musculatura matemática.

el hombre para Homero? El problema revela la decadencia de nuestro mundo. Las figuras épicas corresponden a una fauna desaparecida, cuyo carácter es precisamente la indiferencia entre el dios y el hombre, por lo menos la contigüidad entre ambas especies. De aquél se llega a éste, sin más peldaño que el desliz de una diosa o la brama de un dios.

En suma, para los griegos son plenamente poéticas sólo las cosas que fueron primero, no por ser antiguas, sino por ser las más antiguas, por contener en sí los principios y las causas[1]. El *stock* de mitos que constituían a la vez la religión, la física y la historia tradicionales, encierra todo el material poético del arte griego en su buena época. El poeta tiene que partir de él, y dentro de él moverse, aunque sea—como los trágicos—para modificarlo. No cabe en la mente de estos hombres que pueda inventarse un objeto poético, como no cabría en la nuestra que se fantaseara una ley mecánica. Con esto queda marcada la limitación de la épica y del arte griego en general, ya que hasta su hora de decadencia no logra éste desprenderse del útero mítico.

Homero cree que las cosas acontecieron como sus hexámetros nos refieren: el auditorio lo creía también. Más aún: Homero no pretende contar nada nuevo. Lo que él cuenta lo sabe ya el público, y Homero sabe que lo sabe. Su operación no es propiamente creadora y huye de sorprender al que escucha.

---

[1] «Se creía que lo más sagrado es lo inmemorial, lo antiquísimo»—dice Aristóteles refiriéndose al pensamiento mítico. *Metafísica,* 983, b, 33.

Se trata simplemente de una labor artística, más aún que poética, de una virtuosidad técnica. Yo no encuentro en la historia del arte otra intención más parecida a la que llevaba el rapsoda que la resplandeciente en la puerta del baptisterio florentino labrada por Ghiberti. No son los objetos representados lo que a éste preocupa, sino que va movido por un loco placer de representar, de transcribir en bronce figuras de hombres, de animales, de árboles, de rocas, de frutos.

Así Homero. La mansa fluencia de la épica ribera, la calma rítmica con que por igual se atiende a lo grande y lo pequeño, sería absurda si imaginásemos al poeta preocupado en la invención de su argumento. El tema poético existe previamente de una vez para siempre: se trata sólo de actualizarlo en los corazones, de traerlo a plenitud de presencia. Por eso no hay absurdo en dedicar cuatro versos a la muerte de un héroe, y no menos que dos al cerrar de una puerta. El ama de Telémaco

*salió del aposento; del anillo de plata tirando,
tras sí cerró la puerta, y afianzó en la correa el cerrojo.*

5

EL RAPSODA

Los tópicos estéticos de nuestra época pueden ser causa de que interpretemos mal esta fruición que en hacer ver los objetos bellos del pretérito sentía el quieto y el dulce ciego de Jonia. Puede ocurrírsenos, con efecto, llamarla realismo. ¡Terrible, incómoda palabra! ¿Qué haría con ella un griego si la deslizáramos en su alma? Para nosotros real es lo sensible, lo que ojos y oídos nos van volcando dentro: hemos sido educados por una edad rencorosa que había laminado el universo y hecho de él una superficie, una pura apariencia. Cuando buscamos la realidad, buscamos las apariencias. Mas el griego entendía por realidad todo lo contrario: real es lo esencial, lo profundo y latente; no la apariencia, sino las fuentes vivas de toda la apariencia. Plotino no pudo nunca determinarse a que le hicieran un retrato, porque era esto, según él, legar al mundo la sombra de una sombra.

El poeta épico, con la batuta en la mano, se alza en medio de nosotros, su faz ciega se orienta vagamente hacia donde se derrama una mayor luminosidad; el sol es para él una mano de padre que palpa en la noche las mejillas de un hijo; su cuerpo ha aprendido la torsión del heliotropo y aspira a coincidir con la amplia caricia que pasa. Sus labios se estremecen un poco, como las cuerdas de un instrumento que alguien templa. ¿Cuál es su afán? Quisiera ponernos bien claras delante las cosas que pasaron. Comienza a hablar. Pero no; esto no es hablar, es recitar. Las palabras vienen sometidas a una disciplina, y parecen desintegradas de la existencia trivial que llevaban en el hablar ordinario. Como un aparato de ascensión, el hexámetro mantiene suspensos en un aire imaginario los vocablos e impide que con los pies toquen en la tierra. Esto es simbólico.

Esto es lo que quiere el rapsoda: arrancarnos de la realidad cotidiana. Las frases son rituales, los giros solemnes y un poco hieratizados, la gramática milenaria. De lo actual toma sólo la flor; de cuando en cuando una comparación extraída de los fenómenos cardinales, siempre idénticos, del cosmos—el mar, el viento, las fieras, las aves—, inyecta en el bloque arcaico la savia de actualidad estrictamente necesaria para que el pasado, como tal pasado, se posesione de nosotros y desaloje el presente.

Tal es el ejercicio del rapsoda, tal su papel en el edificio de la obra épica. A diferencia del poeta moderno, no vive aquejado por el ansia de originalidad. Sabe que su canto no es suyo sólo. La conciencia étnica, forjadora del mito, ha cumplido, antes que él naciera, el trabajo principal; ha creado los objetos bellos. Su papel queda reducido a la escrupulosidad de un artífice.

6

HELENA Y MADAME BOVARY

Yo no comprendo cómo un español, maestro de griego, ha podido decir que facilita la inteligencia de la *Ilíada* imaginar la lucha entre los mozos de dos pueblos castellanos por el dominio de una garrida aldeana. Comprendo que, a propósito de *Madame Bovary*, se nos indicara que dirigiésemos nuestra atención hacia el tipo de una provinciana practicante del adulterio. Esto sería oportuno; el novelista consume

su tarea cuando ha logrado presentarnos en concreto
lo que en abstracto conocíamos ya[1]. Al cerrar el
libro, decimos: «Así son, en efecto, las provincianas adúlteras. Y estos comicios agrícolas son, en verdad, unos comicios agrícolas.» Con tal resultado hemos satisfecho al novelista. Pero leyendo la *Ilíada* no
se nos ocurre congratular a Homero porque su Aquiles es efectivamente un buen Aquiles, un perfecto
Aquiles, y una Helena inconfundible su Helena. Las
figuras épicas no son representantes de tipos, sino
criaturas únicas. Sólo un Aquiles ha existido y una
sola Helena; sólo una guerra al margen del Scamandros. Si en la distraída mujer de Menelao creyéramos
ver una moza cualquiera, requerida de amores enemigos, Homero habría fracasado. Porque su misión
era muy circunscrita—no libre como la de Ghiberti
o Flaubert—, nos ha de hacer ver esta Helena y este
Aquiles, los cuales, por ventura, no se parecen a los
humanos que solemos hallar por los trivios.

La épica es primero invención de seres únicos, de
naturalezas «heroicas»: la centenaria fantasía popular se encarga de esta primera operación. La épica es
luego realización, evocación plena de aquellos seres:
esta es la faena del rapsoda.

Con este largo rodeo hemos ganado, creo yo, alguna claridad desde la cual nos sea patente el sentido
de la novela. Porque en ella encontramos la contraposición del género épico. Si el tema de éste es el

---

[1] «Ma pauvre *Bovary* sans doute souffre et pleure dans vingts villages de France à la fois, à cette heure même.»—Flaubert: *Correspondence,* II, 284.

pasado, como tal pasado, el de la novela es la actualidad como tal actualidad. Si las figuras épicas son inventadas, si son naturalezas únicas e incomparables que por sí mismas tienen valor poético, los personajes de la novela son típicos y extrapoéticos; tómanse, no del mito, que es ya un elemento o atmósfera estética y creadora, sino de la calle, del mundo físico, del contorno real vivido por el autor y por el lector. Uu tercer esclarecimiento hemos logrado: el arte literario no es toda la poesía, sino sólo una actividad poética secundaria. El arte es la técnica, es el mecanismo de actualización frente al cual aparece el acto creador de los bellos objetos como la función poética primaria y suprema. Aquel mecanismo podrá y deberá en ocasiones ser realista; pero no forzosamente y en todos los casos. La apetencia del realismo, característica de nuestro tiempo, no puede levantarse al rango de una norma. Nosotros queremos la ilusión de la apariencia, pero otras edades han tenido otras predilecciones. Presumir que la especie humana ha querido y querrá siempre lo mismo que nosotros, sería una vanidad. No; dilatemos bien a lo ancho nuestro corazón para que coja en él todo aquello humano que nos es ajeno. Prefiramos sobre la tierra una indócil diversidad a una monótona coincidencia.

7

EL MITO, FERMENTO DE LA HISTORIA

La perspectiva épica, que consiste, según hemos visto, en mirar los sucesos del mundo desde ciertos mitos cardinales, como desde cimas supernas, no muere con Grecia. Llega hasta nosotros. No morirá nunca. Cuando las gentes dejan de creer en la realidad cosmogónica e histórica de sus narraciones ha pasado, es cierto, el buen tiempo de la raza helénica. Mas descargados los motivos épicos, las simientes míticas de todo valor dogmático no sólo perduran como espléndidos fantasmas insustituíbles, sino que ganan en agilidad y poder plástico. Hacinados en la memoria literaria, escondidos en el subsuelo de la reminiscencia popular, constituyen una levadura poética de incalculable energía. Acercad la historia verídica de un rey, de Antíoco, por ejemplo, o de Alejandro, a estas materias incandescentes. La historia verídica comenzará a arder por los cuatro costados: lo normal y consuetudinario que en ella había perecerá indefectiblemente consumido. Después del incendio os quedará ante los ojos atónitos, refulgiendo como un diamante, la historia maravillosa de un mágico Apolonio[1], de un milagroso Alejandro. Esta historia maravillosa, claro es que no es historia: se la ha

---

[1] La figura de Apolonio está hecha con material mítico tomado a la historia de Antíoco.

MEDITACIÓN PRIMERA

llamado novela. De este modo ha podido hablarse de la novela griega.

Ahora resulta patente el equívoco que en esta palabra existe. La novela griega no es más que historia corrompida, divinamente corrompida por el mito, o bien, como el viaje al país de los Arimaspes, geografía fantástica, recuerdos de viajes que el mito ha descoyuntado, y luego, a su sabor, recompuesto. Al mismo género pertenece toda la literatura de imaginación, todo eso que se llama cuento, balada, leyenda y libros de caballerías. Siempre se trata de un cierto material histórico que el mito ha dislocado y reabsorbido.

No se olvide que el mito es el representante de un mundo distinto del nuestro. Si el nuestro es el real, el mundo mítico nos parecerá irreal. De todos modos, lo que en uno es posible es imposible en el otro; la mecánica de nuestro sistema planetario no rige en el sistema mítico. La reabsorción de un acontecimiento sublunar por un mito consiste, pues, en hacer de él una imposibilidad física e histórica. Consérvase la materia terrenal, pero es sometida a un régimen tan diverso del vigente en nuestro cosmos, que para nosotros equivale a la falta de todo régimen.

Esta literatura de imaginación prolongará sobre la humanidad hasta el fin de los tiempos el influjo bienhechor de la épica, que fué su madre. Ella duplicará el universo, ella nos traerá a menudo nuevas de un orbe deleitable, donde, si no continúan habitando los dioses de Homero, gobiernan sus legítimos sucesores. Los dioses significan una dinastía, bajo la cual lo imposible es posible. Donde ellos reinan, lo normal no existe; emana de su trono omnímodo desorden. La Constitución que han jurado tiene un solo artículo: *Se permite la aventura.*

8

LIBROS DE CABALLERÍAS

Cuando la visión del mundo que el mito proporciona es derrocada del imperio sobre las ánimas por su hermana enemiga la ciencia, pierde la épica su empaque religioso y toma a campo traviesa en busca de aventuras. Caballerías quiere decir aventuras: los libros de caballerías fueron el último grande retoñar del viejo tronco épico. El último hasta ahora, no definitivamente el último.

El libro de caballerías conserva los caracteres épicos salvo la creencia en la realidad de lo contado [1]. También en él se dan por antiguos, de una ideal antigüedad, los sucesos referidos. El tiempo del rey Artús, como el tiempo de Maricastaña, son telones de un pretérito convencional que penden vaga, indecisamente, sobre la cronología.

Aparte los discreteos de algunos diálogos, el instrumento poético en el libro de caballerías es, como

---

[1] Aun esto diría yo que, en cierto modo, se conserva. Pero me vería obligado a escribir muchas páginas aquí innecesarias sobre esa misteriosa especie de alucinación que yace, a no dudarlo, en el placer sentido cuando leemos un libro de aventuras.

en la épica, la narración. Yo tengo que discrepar de la opinión recibida que hace de la narración el instrumento de la novela. Se explica esta opinión por no haber contrapuesto los dos géneros bajo tal nombre confundidos. El libro de imaginación narra; pero la novela describe. La narración es la forma en que existe para nosotros el pasado, y sólo cabe narrar lo que pasó; es decir, lo que ya no es. Se describe, en cambio, lo actual. La épica gozaba, según es sabido, de un pretérito ideal—como el pasado que refiere—que ha recibido en las gramáticas el nombre de aoristo épico o gnómico.

Por otra parte, en la novela nos interesa la descripción, precisamente porque, en rigor, no nos interesa lo descrito. Desatendemos a los objetos que se nos ponen delante para atender a la manera como nos son presentados. Ni Sancho, ni el Cura, ni el barbero, ni el Caballero del Verde Gabán, ni madame Bovary, ni su marido, ni el majadero de Homais son interesantes. No daríamos dos reales por verlos a ellos. En cambio, nos desprenderíamos de un reino en pago a la fruición de verlos captados dentro de los dos libros famosos. Yo no comprendo cómo ha pasado esto desapercibido a los que piensan sobre cosas ésteticas. Lo que, faltos de piedad, solemos llamar *lata,* es todo un género literario, bien que fracasado. La *lata* consiste en una narración de algo que no nos interesa[1]. La narración tiene que

---

[1] En un cuaderno de *La Crítica* cita Croce la definición que un italiano da del *latoso:* es, dice, el que nos quita la soledad y no nos da la compañía.

justificarse por su asunto, y será tanto mejor cuanto más somera, cuanto menos se interponga entre lo acontecido y nosotros.

De modo que el autor del libro de caballerías, a diferencia del novelista, hace gravitar toda su energía poética hacia la invención de sucesos interesantes. Estas son las aventuras. Hoy pudiéramos leer la *Odisea* como una relación de aventuras; la obra perdería sin duda nobleza y significación, pero no habríamos errado por completo su intención estética. Bajo Ulises, el igual a los dioses, asoma Simbad el marino, y apunta, bien que muy lejanamente, la honrada musa burguesa de Julio Verne. La proximidad se funda en la intervención del capricho gobernando los acontecimientos. En la *Odisea* el capricho actúa consagrado por los varios humores de los dioses; en la patraña, en las caballerías ostenta cínicamente su naturaleza. Y si en el viejo poema las andanzas cobran interés levantado por emanar del capricho de un dios—razón al cabo teológica—, es la aventura interesante por sí misma, por su inmanente caprichosidad.

Si apretamos un poco nuestra noción vulgar de realidad, tal vez halláramos que no consideramos real lo que efectivamente acaece, sino una cierta manera de acaecer las cosas que nos es familiar. En este vago sentido es, pues, real, no tanto lo visto como lo previsto; no tanto lo que vemos como lo que sabemos. Y si una serie de acontecimientos toma un giro imprevisto, decimos que nos parece mentira. Por eso nuestros antepasados llamaban al cuento aventurero una patraña.

MEDITACIÓN PRIMERA

La aventura quiebra como un cristal la opresora, insistente realidad. Es lo imprevisto, lo impensado, lo nuevo. Cada aventura es un nuevo nacer del mundo, un proceso único. ¿No ha de ser interesante?

A poco que vivimos hemos palpado ya los confines de nuestra prisión. Treinta años cuando más tardamos en reconocer los límites dentro de los cuales van a moverse nuestras posibilidades. Tomamos posesión de lo real, que es como haber medido los metros de una cadena prendida de nuestros pies. Entonces decimos «¿Esto es la vida? ¿Nada más que esto? ¿Un ciclo concluso que se repite, siempre idéntico?» He aquí una hora peligrosa para todo hombre.

Recuerdo a este propósito un admirable dibujo de Gavarni. Es un viejo socarrón junto a un tinglado de esos donde se enseña el mundo por un agujero. Y el viejo está diciendo: *Il faut montrer à l'homme des images, la réalité l'embête!* Gavarni vivía entre unos cuantos escritores y artistas de París defensores del realismo estético. La facilidad con que el público era atraído por los cuentos de aventuras, le indignaba. Y, en efecto, razas débiles pueden convertir en un vicio esta fuerte droga de la imaginación, que nos permite escapar al peso grave de la existencia.

9

EL RETABLO DE MAESE PEDRO

Conforme va la línea de la aventura desenvolviéndose, experimentamos una tensión emocional creciente, como si, acompañando a aquélla en su trayectoria, nos sintiéramos violentamente apartados de la línea que sigue la inerte realidad. A cada paso da ésta sus tirones, amenazando con hacer entrar el suceso en el curso natural de las cosas, y es necesario que un nuevo embite del poder aventurero lo liberte y empuje hacia mayores imposibles. Nosotros vamos lanzados en la aventura como dentro de un proyectil, y en la lucha dinámica entre éste, que avanza por la tangente, que ya escapa, y el centro de la tierra, que aspira a sujetarlo, tomamos el partido de aquél. Esta parcialidad nuestra aumenta con cada peripecia y contribuye a una especie de alucinación, en que tomamos por un instante la aventura como verdadera realidad.

Cervantes ha representado maravillosamente esta mecánica psicológica del lector de patrañas en el proceso que sigue el espíritu de Don Quijote ante el retablo de maese Pedro.

El caballo de Don Gaiferos, en su galope vertiginoso, va abriendo tras su cola una estela de vacío; en ella se precipita una corriente de aire alucinado que arrastra consigo cuanto no está muy firme sobre la tierra. Y allá va volteando, arrebatada en el vórtice ilusorio, el alma de Don Quijote, ingrávida como un vilano, como una hoja seca. Y allá irá siempre en su seguimiento cuanto quede en el mundo de ingenuo y de doliente.

Los bastidores del retablo que anda mostrando maese Pedro son frontera de dos continentes espirituales. Hacia dentro, el retablo constriñe un orbe fantástico, articulado por el genio de lo imposible: es el ámbito de la aventura, de la imaginación, del mito. Hacia fuera, se hace lugar un aposento donde se agrupan unos cuantos hombres ingenuos, de estos que vemos a todas horas ocupados en el pobre afán de vivir. En medio de ellos está un mentecato, un hidalgo de nuestra vecindad, que una mañana abandonó el pueblo impelido por una pequeña anomalía anatómica de sus centros cerebrales. Nada nos impide entrar en este aposento: podríamos respirar en su atmósfera y tocar a los presentes en el hombro, pues son de nuestro mismo tejido y condición. Sin embargo, este aposento está a su vez incluso en un libro, es decir, en otro como retablo más amplio que el primero. Si entráramos al aposento, habríamos puesto el pie dentro de un objeto ideal, nos moveríamos en la concavidad de un cuerpo estético. (Velázquez, en las *Meninas,* nos ofrece un caso análogo: al tiempo que pintaba un cuadro de reyes, ha metido su estudio en el cuadro. Y en *Las hilanderas* ha unido para siempre la acción legendaria que representa un tapiz, a la estancia humilde donde se fabricó.)

Por el conducto de la simplicidad y la amencia

van y vienen efluvios del uno al otro continente, del retablo a la estancia, de ésta a aquél. Diríase que lo importante es precisamente la ósmosis y endósmosis entre ambos.

10

POESÍA Y REALIDAD

Afirma Cervantes que escribe su libro contra los de caballerías. En la crítica de los últimos tiempos se ha perdido la atención hacia este propósito de Cervantes. Tal vez se ha pensado que era una manera de decir, una presentación convencional de la obra, como lo fué la sospecha de ejemplaridad con que cubre sus novelas cortas. No obstante, hay que volver a este punto de vista. Para la estética es esencial ver la obra de Cervantes como una polémica contra las caballerías.

Si no, ¿cómo entender la ampliación incalculable que aquí experimenta el arte literario? El plano épico donde se deslizan los objetos imaginarios era hasta ahora el único, y podía definirse lo poético con las mismas notas constituyentes de aquél[1]. Pero ahora el plano imaginario pasa a ser un segundo plano. El arte se enriquece con un término más; por decirlo así, se aumenta en una tercera dimensión, conquista la profundidad estética, que, como la geométrica, supone una pluralidad de términos. Ya no

---

[1] Desde el principio nos hemos desentendido del lirismo, que es una gravitación estética independiente.

puede, en consecuencia, hacerse consistir lo poético en este peculiar atractivo del pasado ideal ni en el interés que a la aventura presta su proceder, siempre nuevo, único y sorprendente. Ahora tenemos que acomodar en la capacidad poética la realidad actual.

Nótese toda la estringencia del problema. Llegábamos hasta aquí a lo poético merced a una superación y abandono de lo circunstante, de lo actual. De modo que tanto vale decir «realidad actual» como decir lo «no poético». Es, pues, la máxima ampliación estética que cabe pensar.

¿Cómo es posible que sean poéticos esta venta y este Sancho y este arriero y este trabucaire de maese Pedro? Sin duda alguna que ellos no lo son. Frente al retablo significan formalmente la agresión a lo poético. Cervantes destaca a Sancho contra toda aventura, a fin de que al pasar por ella la haga imposible. Esta es su misión. No vemos, pues, cómo pueda sobre lo real extenderse el campo de la poesía. Mientras lo imaginario era por sí mismo poético, la realidad es por sí misma antipoética. *Hic Rhodus, hic salta:* aquí es donde la estética tiene que aguzar su visión. Contra lo que supone la ingenuidad de nuestros almogáraves eruditos, la tendencia realista es la que necesita más de justificación y explicación, es el *exemplum crucis* de la estética.

En efecto, sería ininteligible si la gran gesticulación de Don Quijote no acertara a orientarnos. ¿Dónde colocaremos a Don Quijote, del lado de allá o del lado de acá? Sería torcido decidirse por uno u otro continente. Don Quijote es la arista en que ambos mundos se cortan formando un bisel.

Si se nos dice que Don Quijote pertenece íntegramente a la realidad, no nos enojaremos. Sólo haríamos notar que con Don Quijote entraría a formar parte de lo real su indómita voluntad. Y esta voluntad se halla henchida de una decisión: es la voluntad de la aventura. Don Quijote, que es real, quiere realmente las aventuras. Como él mismo dice: «Bien podrán los encantadores quitarme la aventura, pero el esfuerzo y el ánimo es imposible.» Por eso con tan pasmosa facilidad transita de la sala del espectáculo al interior de la patraña. Es una naturaleza fronteriza, como lo es, en general, según Platón, la naturaleza del hombre.

Tal vez no sospechábamos hace un momento lo que ahora nos ocurre: que la realidad entra en la poesía para elevar a una potencia estética más alta la aventura. Si esto se confirmara, veríamos a la realidad abrirse para dar cabida al continente imaginario y servirle de soporte, del mismo modo que la venta es esta clara noche un bajel que boga sobre las tórridas llanadas manchegas, llevando en su vientre a Carlomagno y los doce Pares, a Marsilio de Sansueña y la sin par Melisendra. Ello es que lo referido en los libros de caballerías tiene realidad dentro de la fantasía de Don Quijote, el cual, a su vez, goza de una indubitable existencia. De modo que, aunque la novela realista haya nacido como oposición a la llamada novela imaginaria, lleva dentro de sí infartada la aventura.

MEDITACIÓN PRIMERA

11

LA REALIDAD, FERMENTO DEL MITO

La nueva poesía que ejerce Cervantes no puede ser de tan sencilla contextura como la griega y la medieval. Cervantes mira el mundo desde la cumbre del Renacimiento. El Renacimiento ha apretado un poco más las cosas: es una superación integral de la antigua sensibilidad. Galileo da una severa policía al universo con su física. Un nuevo régimen ha comenzado; todo anda más dentro de horma. En el nuevo orden de cosas las aventuras son imposibles. No va a tardar mucho en declarar Leibniz que la simple posibilidad carece por completo de vigor, que sólo es posible lo *«compossibile»*, es decir, lo que se halle en estrecha conexión con las leyes naturales[1]. De este modo lo posible, que en el mito, en el milagro, afirma una arisca independencia, queda infartado en lo real como la aventura en el verismo de Cervantes.

Otro carácter del Renacimiento es la primacía que adquiere lo psicológico. El mundo antiguo parece una pura corporeidad sin morada y secretos interiores. El Renacimiento descubre en toda su vasta amplitud el mundo interno, el *me ipsum,* la conciencia, lo subjetivo.

---

[1] Para Aristóteles y la Edad Media es posible lo que no envuelve en sí contradicción. Lo *«compossibile»* necesita más. Para Aristóteles es posible el centauro; para un moderno no, porque no lo tolera la biología, la ciencia natural.

Flor de este nuevo y grande giro que toma la cultura es el *Quijote*. En él periclita para siempre la épica con su aspiración a sostener un orbe mítico lindando con el de los fenómenos materiales, pero de él distinto. Se salva, es cierto, la realidad de la aventura; pero tal salvación envuelve la más punzante ironía. La realidad de la aventura queda reducida a lo psicológico, a un humor del organismo tal vez. Es real en cuanto vapor de un cerebro. De modo que su realidad es, más bien, la de su contrario, la de lo material.

En verano vuelca el sol torrentes de fuego sobre la Mancha, y a menudo la tierra ardiente produce el fenómeno del espejismo. El agua que vemos no es agua real, pero algo de real hay en ella: su fuente. Y esta fuente amarga, que mana el agua del espejismo, es la sequedad desesperada de la tierra.

Fenómeno semejante podemos vivirlo en dos direcciones: una, ingenua y rectilínea; entonces el agua que el sol pinta es para nosotros efectiva; otra, irónica, oblicua cuando la vemos como tal espejismo, es decir, cuando a través de la frescura del agua vemos la sequedad de la tierra que la finge. La novela de aventuras, el cuento, la épica, son aquella manera ingenua de vivir las cosas imaginarias y significativas. La novela realista es esta segunda manera oblicua. Necesita, pues, de la primera; necesita del espejismo para hacérnoslo ver como tal. De suerte que no es sólo el *Quijote* quien fué escrito contra los libros de caballerías, y, en consecuencia, lleva a éstos dentro, sino que el género literario «novela» consiste esencialmente en aquella intususcepción.

Esto ofrece una explicación a lo que parecía inexplicable: cómo la realidad, lo actual, puede convertirse en substancia poética. Por sí misma, mirada en sentido directo, no lo sería nunca; esto es privilegio de lo mítico. Mas podemos tomarla oblicuamente como destrucción del mito, como crítica del mito. En esta forma la realidad, que es de naturaleza inerte e insignificante, quieta y muda, adquiere un movimiento, se convierte en un poder activo de agresión al orbe cristalino de lo ideal. Roto el encanto de éste, cae en polvillo irisado que va perdiendo sus colores hasta volverse pardo terruño. A esta escena asistimos en toda novela. De suerte que, hablando con rigor, la realidad no se hace poética ni entra en la obra de arte, sino sólo aquel gesto o movimiento suyo en que reabsorbe lo ideal.

En resolución, se trata de un proceso estrictamente inverso al que engendra la novela de imaginación. Hay, además, la diferencia de que la novela realista describe el proceso mismo, y aquélla sólo el objeto producido: la aventura.

12

LOS MOLINOS DE VIENTO

Es ahora para nosotros el campo de Montiel un área reverberante e ilimitada, donde se hallan todas las cosas del mundo como en un ejemplo. Caminando a lo largo de él con Don Quijote y Sancho, venimos a la comprensión de que las cosas tienen dos vertientes. Es una el «sentido» de las cosas, su significación, lo que son cuando se las interpreta. Es otra la «materialidad» de las cosas, su positiva substancia, lo que las constituye antes y por encima de toda interpretación.

Sobre la línea del horizonte en estas puestas de sol inyectadas de sangre—como si una vena del firmamento hubiera sido punzada—levántanse los molinos harineros de Criptana y hacen al ocaso sus aspavientos. Estos molinos tienen un sentido: como «sentido» estos molinos son gigantes. Verdad es que Don Quijote no anda en su juicio. Pero el problema no queda resuelto porque Don Quijote sea declarado demente. Lo que en él es anormal, ha sido y seguirá siendo normal en la humanidad. Bien que estos gigantes no lo sean; pero... ¿y los otros?, quiero decir, ¿y los gigantes en general? ¿De dónde ha sacado el hombre los gigantes? Porque ni los hubo ni los hay *en realidad*. Fuere cuando fuere, la ocasión en que el hombre pensó por vez primera los gigantes no se diferencia en nada esencial de esta escena cervantina. Siempre se trataría de una cosa que no era gigante, pero que mirada desde su vertiente ideal tendía a hacerse gigante. En las aspas giratorias de estos molinos hay una alusión hacia unos brazos briareos. Si obedecemos al impulso de esa alusión y nos dejamos ir según la curva allí anunciada, llegaremos al gigante.

También justicia y verdad, la obra toda del espíritu, son espejismos que se producen en la materia. La cultura — la vertiente ideal de las cosas — pretende establecerse como un mundo aparte y sufiente, adonde podamos trasladar nuestras entrañas. Esto es una ilusión, y sólo mirada como ilusión, sólo puesta como un espejismo sobre la tierra, está la cultura puesta en su lugar.

13

LA POESÍA REALISTA

Del mismo modo que las siluetas de las rocas y de las nubes encierran alusiones a ciertas formas animales, las cosas todas, desde su inerte materialidad, hacen como señas que nosotros interpretamos. Estas interpretaciones se condensan hasta formar una objetividad que viene a ser una duplicación de la primaria, de la llamada real. Nace de aquí un perenne conflicto: la «idea» o «sentido» de cada cosa y su «materialidad» aspiran a encajarse una en otra. Pero esto supone la victoria de una de ellas. Si la «idea» triunfa, la «materialidad» queda suplantada y vivimos alucinados. Si la materialidad se impone, y, penetrado el vaho de la idea, reabsorbe ésta, vivimos desilusionados.

Sabido es que la acción de ver consiste en aplicar una imagen previa que tenemos sobre una sensación ocurrente. Un punto oscuro en la lejanía es visto por nosotros sucesivamente como una torre, como un árbol, como un hombre. Viénese a dar la razón a Platón, que explicaba la percepción como la resultante de algo que va de la pupila al objeto y algo que viene del objeto a la pupila. Solía Leonardo de Vinci poner a sus alumnos frente a una tapia, con el fin de que se acostumbraran a intuir en las formas de las piedras, en las líneas de sus junturas, en los juegos de sombra y claridad, multitud de formas imaginarias. Platónico en el fondo de su ser, buscaba en la realidad Leonardo sólo el paracleto, el despertador del espíritu.

Ahora bien, hay distancias, luces e inclinaciones, desde las cuales el material sensitivo de las cosas reduce a un mínimo la esfera de nuestras interpretaciones. Una fuerza de concentración impide el movimiento de nuestras imágenes. La cosa inerte y áspera escupe de sí cuantos «sentidos» queramos darle: está ahí, frente a nosotros, afirmando su muda, terrible materialidad frente a todos los fantasmas. He ahí lo que llamamos realismo: traer las cosas a una distancia, ponerlas bajo una luz, inclinarlas de modo que se acentúe la vertiente de ellas que baja hacia la pura materialidad.

El mito es siempre el punto de partida de toda poesía, inclusive de la realista. Sólo que en ésta acompañamos al mito en su descenso, en su caída. El tema de la poesía realista es el desmoronamiento de una poesía.

Yo no creo que pueda de otra manera ingresar la realidad en el arte que haciendo de su misma inercia y desolación un elemento activo y combatiente. Ella no puede interesarnos. Mucho menos puede interesarnos su duplicación. Repito lo que arriba dije: los personajes de la novela carecen de atractivo. ¿Cómo es posible que su representación nos conmueva? Y, sin embargo, es así: no ellos, no *las* realidades nos conmueven, sino su representación, es decir, la representación de *la* realidad de ellos. Esta distinción es, en mi entender, decisiva: lo poético de la realidad no es la realidad como esta o aquella cosa, sino la realidad como función genérica. Por eso es, en rigor, indiferente qué objetos elija el realista para describirlos. Cualquiera es bueno, todos tienen un halo imaginario en torno. Se trata de mostrar bajo él la pura materialidad. Vemos en ella lo que tiene de instancia última, de poder crítico, ante quien se rinde la pretensión de todo lo ideal, de todo lo querido e imaginado por el hombre a declararse suficiente.

La insuficiencia, en una palabra, de la cultura, de cuanto es noble, claro, aspirante, éste es el sentido del realismo poético. Cervantes reconoce que la cultura es todo eso, pero, ¡ay!, es una ficción. Envolviendo la cultura—como la venta el retablo de la fantasía—yace la bárbara, brutal, muda, insignificante realidad de las cosas. Es triste que tal se nos muestre, ¡pero qué le vamos a hacer!, es real, está ahí: de una manera terrible se basta a sí misma. Su fuerza y su significado único radica en su presencia. Recuerdos y promesas es la cultura, pasado irreversible, futuro soñado.

Mas la realidad es un simple y pavoroso «estar ahí». Presencia, yacimiento, inercia. Materialidad[1].

---

[1] En pintura se hace más patente aún la intención del realismo. Rafael, Miguel Angel pintan las formas de las cosas. *La* forma es siempre ideal—una imagen del recuerdo o una construcción nuestra—. Velázquez busca la impresión de las

14
MIMO

Claro es que Cervantes no inventa *a nihilo* el tema poético de la realidad: simplemente lo lleva a una expansión clásica. Hasta encontrar en la novela, en el *Quijote,* la estructura orgánica que le conviene, el tema ha caminado como un hilillo de agua buscando su salida, vacilante, tentando los estorbos, buscándoles la vuelta, filtrándose dentro de otros cuerpos. De todos modos, tiene una extraña oriundez. Nace en los antípodas del mito y de la épica. En rigor, nace fuera de la literatura.

El germen del realismo se halla en un cierto impulso que lleva al hombre a imitar lo característico de sus semejantes o de los animales. Lo característico consiste en un rasgo de tal valor dentro de una fisonomía—persona, animal o cosa—, que al ser reproducido suscita los demás, pronta y enérgicamente, ante nosotros, los hace presentes. Ahora bien, no se imita por imitar: este impulso imitativo—como las formas más complejas de realismo que quedan descritas—no es original, no nace de sí mismo. Vive de una intención forastera. El que imita, imita para burlarse. Aquí tenemos el origen que buscamos: el mimo.

---

cosas. La impresión es informe y acentúa la materia—raso, terciopelo, lienzo, madera, protoplasma orgánico—de que están hechas las cosas.

Sólo, pues, con motivo de una intención cómica parece adquirir la realidad un interés estético. Esto sería una curiosísima confirmación histórica de lo que acabo de decir acerca de la novela.

Con efecto, en Grecia, donde la poesía exige una distancia ideal a todo objeto para estetizarlo, sólo encontramos temas actuales en la comedia. Como Cervantes, echa mano Aristófanes de las gentes que roza en las plazuelas y las introduce dentro de la obra artística. Pero es para burlarse de ellas.

De la comedia nace, a su vez, el diálogo—un género que no ha podido lograr independencia. El diálogo de Platón también describe lo real y también se burla de lo real. Cuando trasciende de lo cómico es que se apoya en un interés extrapoético—el científico. Otro dato a conservar. Lo real, como comedia o como ciencia, puede pasar a la poesía, jamás encontramos la poesía de lo real como simplemente real.

He aquí los únicos puntos de la literatura griega donde podemos amarrar el hilo de la evolución novelesca [1]. Nace, pues, la novela llevando dentro el aguijón cómico. Y este genio y esta figura la acompañarán hasta su sepultura. La crítica, la zumba, no es un ornamento inesencial del *Quijote,* sino que forma la textura misma del género, tal vez de todo realismo.

---

[1] La historia de amor—los *Erotici*—procede de la comedia nueva. *Villamowitz - Moellendorf* en *Greek historical writing* (1908), págs. 22-23.

15

EL HÉROE

Mas hasta ahora no habíamos tenido ocasión de mirar con alguna insistencia la faz de lo cómico. Cuando escribía que la novela nos manifiesta un espejismo como tal espejismo, la palabra comedia venía a merodear en torno a los puntos de la pluma como un can que se hubiera sentido llamar. No sabemos por qué, una semejanza oculta nos hace aproximar el espejismo sobre las calcinadas rastrojeras y las comedias en las almas de los hombres.

La historia nos obliga ahora a volver sobre el asunto. Algo nos quedaba en el aire, vacilando entre la estancia de la venta y el retablo de maese Pedro. Este algo era nada menos que la voluntad de Don Quijote.

Podrán a este vecino nuestro quitarle la aventura, pero el esfuerzo y el ánimo es imposible. Serán las aventuras vahos de un cerebro en fermentación, pero la voluntad de la aventura es real y verdadera. Ahora bien, la aventura es una dislocación del orden material, una irrealidad. En la voluntad de aventuras, en el esfuerzo y en el ánimo nos sale al camino una extraña naturaleza biforme. Sus dos elementos pertenecen a mundos contrarios: la querencia es real, pero lo querido es irreal.

Objeto semejante es ignoto en la épica. Los hombres de Homero pertenecen al mismo orbe que sus deseos. Aquí tenemos, en cambio, un hombre que

MEDITACIÓN PRIMERA

quiere reformar la realidad. Pero ¿no es él una porción de esa realidad? ¿No vive de ella, no es una consecuencia de ella? ¿Cómo hay modo de que lo que no es—el proyecto de una aventura—gobierne y componga la dura realidad? Tal vez no lo haya, pero es un hecho que existen hombres decididos a no contentarse con la realidad. Aspiran los tales a que las cosas lleven un curso distinto: se niegan a repetir los gestos que la costumbre, la tradición, y, en resumen, los instintos biológicos les fuerzan a hacer. Estos hombres llamamos héroes. Porque ser héroe consiste en ser uno, uno mismo. Si nos resistimos a que la herencia, a que lo circunstante nos impongan unas acciones determinadas, es que buscamos asentar en nosotros, y sólo en nosotros, el origen de nuestros actos. Cuando el héroe quiere, no son los antepasados en él o los usos del presente quienes quieren, sino él mismo. Y este querer él ser él mismo es la heroicidad.

No creo que exista especie de originalidad más profunda que esta originalidad «práctica», activa del héroe. Su vida es una perpetua resistencia a lo habitual y consueto. Cada movimiento que hace ha necesitado primero vencer a la costumbre e inventar una nueva manera de gesto. Una vida así es un perenne dolor, un constante desgarrarse de aquella parte de sí mismo rendida al hábito, prisionera de la materia.

16

INTERVENCIÓN DEL LIRISMO

Ahora bien, ante el hecho de la heroicidad—de la voluntad de aventura—, cabe tomar dos posiciones: o nos lanzamos con él hacia el dolor, por parecernos que la vida heroica tiene «sentido», o damos a la realidad el leve empujón que a ésta basta para aniquilar todo heroísmo, como se aniquila un sueño sacudiendo al que lo duerme. Antes he llamado a estas dos direcciones de nuestro interés, la recta y la oblicua.

Conviene subrayar ahora que el núcleo de realidad a que ambas se refieren es uno mismo. La diferencia, pues, proviene del modo subjetivo en que nos acercamos a él. De modo que si la épica y la novela discrepaban por sus objetos—el pasado y la realidad—, aun cabe una nueva división dentro del tema realidad. Mas esta división no se funda ya puramente en el objeto, sino que se origina en un elemento subjetivo, en nuestra postura ante aquél.

En lo anterior se ha abstraído, por completo, del lirismo, que es, frente a la épica, el otro manantial de poesía. No conviene en estas páginas perseguir su esencia ni detenerse a meditar qué cosa pueda ser lirismo. Otra vez llegará la sazón. Baste con recordar lo admitido por todo el mundo: el lirismo es una proyección estética de la tonalidad general de nuestros sentimientos. La épica no es triste ni es alegre:

es un arte apolíneo, indiferente, todo él formas de objetos eternos, sin edad, extrínseco e invulnerable.

Con el lirismo penetra en el arte una substancia voluble y tornadiza. La intimidad del hombre varía a lo largo de los siglos, el vértice de su sentimentalidad gravita unas veces hacia Oriente y otras hacia Poniente. Hay tiempos jocundos y tiempos amargos. Todo depende de que el balance que hace el hombre de su propio valer, le parezca, en definitiva, favorable o adverso.

No creo que haya sido necesario insistir sobre lo que va sugerido al comienzo de este breve tratado: que—consista en el pretérito o en lo actual el tema de la poesía—la poesía y todo arte versa sobre lo humano y sólo sobre lo humano. El paisaje que se pinta, se pinta siempre como un escenario para el hombre. Siendo esto así, no podía menos de seguirse que todas las formas del arte toman su origen de la variación en las interpretaciones del hombre por el hombre. Dime lo que del hombre sientes y decirte he qué arte cultivas.

Y como todo género literario, aun dejando cierto margen, es un cauce que se ha abierto una de estas interpretaciones del hombre, nada menos sorprendente que la predilección de cada época por uno determinado. Por eso la literatura genuina de un tiempo es una confesión general de la intimidad humana entonces.

Pues bien: volviendo al hecho del heroísmo, notamos que unas veces se le ha mirado rectamente y otras oblicuamente. En el primer caso, convertía nuestra mirada al héroe en un objeto estético que llamamos lo trágico. En el segundo, hacía de él un objeto estético que llamamos lo cómico.

Ha habido épocas que apenas han tenido sensibilidad para lo trágico, tiempos embebidos de humorismo y comedia. El siglo XIX—siglo burgués, democrático y positivista—se ha inclinado con exceso a ver la comedia sobre la tierra.

La correlación que entre la épica y la novela queda dibujada, se repite aquí entre la propensión trágica y la propensión cómica de nuestro ánimo.

17

LA TRAGEDIA

Héroe es, decía, quien quiere ser él mismo. La raíz de lo heroico hállase, pues, en un acto real de voluntad. Nada parecido en la épica. Por esto Don Quijote no es una figura épica, pero sí es un héroe. Aquiles hace la epopeya, el héroe la quiere. De modo que el sujeto trágico no es trágico, y, por tanto, poético, en cuanto hombre de carne y hueso, sino sólo en cuanto que quiere. La voluntad—ese objeto paradoxal que empieza en la realidad y acaba en lo ideal, pues sólo se quiere lo que no es—es el tema trágico; y una época para quien la voluntad no existe, una época determinista y darwiniana, por ejemplo, no puede interesarse en la tragedia.

No nos fijemos demasiado en la griega. Si somos sinceros, declararemos que no la entendemos bien. Aún la filología no nos ha adaptado suficientemente el órgano para asistir a una tragedia griega. Acaso no haya producción más entreverada de motivos puramente históricos, transitorios. No se olvide que era en Atenas un oficio religioso. De modo que la obra se verifica más aún que sobre las planchas del teatro, dentro del ánimo de los espectadores. Envolviendo la escena y el público está una atmósfera extrapoética: la religión. Y lo que ha llegado a nosotros es como el libreto de una ópera cuya música no hemos oído nunca—es el revés de un tapiz, cabos de hilos multicolores que llegan de un envés tejido por la fe. Ahora bien, los helenistas se encuentran detenidos ante la fe de los atenienses, no aciertan a reconstruirla. Mientras no lo logren, la tragedia griega será una página escrita en un idioma de que no poseemos diccionario.

Sólo vemos claro que los poetas trágicos de Grecia nos hablan personalmente desde las máscaras de sus héroes. ¿Cuándo hace esto Shakespeare? Esquilo compone movido por una intención confusa entre poética y teológica. Su tema es tanto, por lo menos, como estético, metafísico y ético. Yo le llamaría *teopoeta*. Le acongojan los problemas del bien y el mal, de la libertad, de la justificación, del orden en el cosmos, del causante de todo. Y sus obras son una serie progresiva de acometidas a estas cuestiones divinas. Su estro parece más bien un ímpetu de reforma religiosa. Y se asemeja, antes que a un *homme de lettres*, a San Pablo o a Lutero. A fuerza de piedad quisiera superar la religión popular que es insuficiente para la madurez de los tiempos. En otro lugar, esta moción no habría conducido a un hombre hacia los versos; pero en Grecia, por ser la religión menos sacerdotal, más flúida y ambiente, podía el interés teológico andar menos diferenciado del poético, político y filosófico.

Dejemos, pues, el drama griego y todas las teorías que, basando la tragedia en no sé qué fatalidad, creen que es la derrota, la muerte del héroe quien le presta la calidad trágica.

No es necesaria la intervención de la fatalidad, y, aunque suele ser vencido, no arranca el triunfo, si llega, al héroe su heroísmo. Oigamos el efecto que el drama produce al espectador villano. Si es sincero, no dejará de confesarnos que en el fondo le parece un poco inverosímil. Veinte veces ha estado por levantarse de su asiento para aconsejar al protagonista que renuncie a su empeño, que abandone su posición. Porque el villano piensa muy juiciosamente que todas las cosas malas sobrevienen al héroe porque se obstina en tal o cual propósito. Desentendiéndose de él, todo llegaría a buen arreglo, y, como dicen al fin de los cuentos los chinos, aludiendo a su nomadismo antiguo, podría asentarse y tener muchos hijos. No hay, pues, fatalidad, o más bien, lo que fatalmente acaece, acaece fatalmente, porque el héroe ha dado lugar a ello. Las desdichas del *Príncipe Constante* eran fatales desde el punto en que decidió ser constante, pero no es él fatalmente constante.

Yo creo que las teorías clásicas padecen aquí un simple *quid pro quo,* y que conviene corregirlas aprovechando la impresión que el heroísmo produce en el alma del villano, incapaz de heroicidad. El villano desconoce aquel estrato de la vida en que ésta ejercita solamente actividades suntuarias, superfluas. Ignora el rebasar y el sobrar de la vitalidad. Vive atenido a lo necesario, y lo que hace lo hace por fuerza. Obra siempre empujado; sus acciones son reacciones. No le cabe en la cabeza que alguien se meta en andanzas por lo que no le va ni le viene; le parece un poco orate todo el que tenga la voluntad de la aventura, y se encuentra en la tragedia con un hombre forzado a sufrir las consecuencias de un empeño que nadie le fuerza a querer.

Lejos, pues, de originarse en la fatalidad lo trágico, es esencial al héroe querer su trágico destino. Por eso, mirada la tragedia desde la vida vegetativa tiene siempre un carácter ficticio. Todo el dolor nace de que el héroe se resiste a resignar un papel ideal, un «rôle» imaginario que ha elegido. El actor en el drama, podría decirse paradójicamente, representa un papel que es, a su vez, la representación de un papel, bien que en serio esta última. De todos modos, la volición libérrima inicia y engendra el proceso trágico. Y este «querer», creador de un nuevo ámbito de realidades que sólo por él son—el orden trágico—, es, naturalmente, una ficción para quien no existe más querer que el de la necesidad natural, la cual se contenta con sólo lo que es.

18

LA COMEDIA

La tragedia no se produce a ras de nuestro suelo; tenemos que elevarnos a ella. Somos asumptos a ella. Es irreal. Si queremos buscar en lo existente algo parecido, hemos de levantar los ojos y posarlos en las cimas más altas de la historia.

Supone la tragedia en nuestro ánimo una predisposición hacia los grandes actos—de otra suerte nos parecerá una fanfarronada. No se impone a nosotros con la evidencia y forzosidad del realismo, que hace comenzar la obra bajo nuestros mismos pies, y sin sentirlo, pasivamente, nos introduce en ella. En cierta manera, el fruir la tragedia pide de nosotros que la queramos también un poco, como el héroe quiere su destino. Viene, en consecuencia, a hacer presa en los síntomas de heroísmo atrofiado que existan en nosotros. Porque todos llevamos dentro como el muñón de un héroe.

Mas una vez embarcados según el heroico rumbo, veremos que nos repercuten en lo hondo los fuertes movimientos y el ímpetu de ascensión que hinchen la tragedia. Sorprendidos hallaremos que somos capaces de vivir a una tensión formidable y que todo en torno nuestro aumenta sus proporciones recibiendo una superior dignidad. La tragedia en el teatro nos abre los ojos para descubrir y estimar lo heroico en la realidad. Así Napoleón, que sabía algo de psicología, no quiso que durante su estancia en Francfort, ante aquel público de reyes vencidos, representara comedias su compañía ambulante y obligó a Talma a que produjera las figuras de Racine y de Corneille.

Mas, en torno al héroe muñón que dentro conducimos, se agita una caterva de instintos plebeyos. En virtud de razones, sin duda suficientes, solemos abrigar una grande desconfianza hacia todo el que quiere hacer usos nuevos. No pedimos justificación al que no se afana en rebasar la línea vulgar, pero la exigimos perentoriamente al esforzado que intenta trascenderla. Pocas cosas odia tanto nuestro plebeyo interior como al ambicioso. Y el héroe, claro está que empieza por ser un ambicioso. La vulgaridad no nos irrita tanto como las pretensiones. De aquí que el héroe ande siempre a dos dedos de caer, no en la desgracia, que esto sería subir a ella, sino de caer en el ridículo. El aforismo: «de lo sublime a lo ridículo no hay más que un paso», formula este peligro que amenaza genuinamente al héroe. ¡Ay de él como no justifique con exuberancia de grandeza, con sobra de calidades, su pretensión de no ser como son los demás, «como son las cosas»! El reformador, el que ensaya nuevo arte, nueva ciencia, nueva política, atraviesa, mientras vive, un medio hostil, corrosivo, que supone en él un fatuo, cuando no un mixtificador. Tiene en contra suya aquello por negar lo cual es él un héroe: la tradición, lo recibido, lo habitual, los usos de nuestros padres, las costumbres nacionales, lo castizo, la inercia omnímoda, en fin. Todo esto, acumulado en centenario aluvión, forma una costra de siete estados a lo profundo. Y el héroe pretende que una idea, un corpúsculo menos que aéreo, súbitamente aparecido en su fantasía, haga explotar tan oneroso volumen. El instinto de inercia y de conservación no lo puede tolerar y se venga. Envía contra él al realismo, y lo envuelve en una comedia.

Como el carácter de lo heroico estriba en la voluntad de ser lo que aún no se es, tiene el personaje trágico medio cuerpo fuera de la realidad. Con tirarle de los pies y volverle a ella por completo, queda convertido en un carácter cómico. Difícilmente, a fuerza de fuerzas, se incorpora sobre la inercia real la noble ficción heroica: toda ella vive de aspiración. Su testimonio es el futuro. La *vis cómica* se limita a acentuar la vertiente del héroe que da hacia la pura materialidad. Al través de la ficción, avanza la realidad, se impone a nuestra vista y reabsorbe el «rôle» trágico[1]. El héroe hacía de éste su ser mismo, se fundía con él. La reabsorción por la realidad consiste en solidificar, materializar la intención aspirante sobre el cuerpo del héroe. De esta guisa vemos el «rôle» como un disfraz ridículo, como una máscara bajo la cual se mueve una criatura vulgar.

El héroe anticipa el porvenir y a él apela. Sus ademanes tienen una significación utópica. El no dice que sea, sino que quiere ser. Así, la mujer feminista as-

---

[1] Cita Bergson un ejemplo curioso. La reina de Prusia entra en el cuarto donde está Napoleón. Llega furibunda, ululante y conminatoria. Napoleón se limita a rogarle que tome asiento. Sentada la reina, enmudece; el «rôle» trágico no puede afirmarse en la postura burguesa propia de una visita, y se abate sobre quien lo lleva.

pira a que un día las mujeres no necesiten ser mujeres feministas. Pero el cómico suplanta el ideal de las feministas por la mujer que hoy sustenta sobre su voluntad ese ideal. Congelado y retrotraído al presente lo que está hecho para vivir en una atmósfera futura, no acierta a realizar las más triviales funciones de la existencia. Y la gente ríe. Presencia la caída del pájaro ideal al volar sobre el aliento de un agua muerta. La gente ríe. Es una risa útil; por cada héroe que hiere, tritura a cien mixtificadores.

Vive, en consecuencia, la comedia sobre la tragedia, como la novela sobre la épica. Así nació históricamente en Grecia, a modo de reacción contra los trágicos y los filósofos que querían introducir dioses nuevos y fabricar nuevas costumbres. En nombre de la tradición popular, de «nuestros padres» y de los hábitos sacrosantos, Aristófanes produce en la escena las figuras actuales de Sócrates y Eurípides. Y lo que aquél puso en su filosofía y éste en sus versos, lo pone él en las personas de Sócrates y Eurípides.

La comedia es el género literario de los partidos conservadores.

De querer ser a creer que se es ya, va la distancia de lo trágico a lo cómico. Este es el paso entre la sublimidad y la ridiculez. La transferencia del carácter heroico desde la voluntad a la percepción causa la involución de la tragedia, su desmoronamiento, su comedia. El espejismo aparece como tal espejismo.

Esto acontece con Don Quijote cuando, no contento con afirmar su voluntad de la aventura, se obstina en creerse aventurero. La novela inmortal está a pique de convertirse simplemente en comedia.

Siempre va el canto de un duro, según hemos indicado, de la novela a la pura comedia.

A los primeros lectores del *Quijote* debió parecerles tal aquella novedad literaria. En el prólogo de Avellaneda se insiste dos veces sobre ello: «Como casi es comedia toda la *Historia de Don Quijote de la Mancha*», comienza dicho prólogo, y luego añade: «conténtese con su *Galatea* y comedias en prosa, que eso son las más de sus novelas». No quedan suficientemente explicadas estas frases con advertir que entonces era comedia el nombre genérico de toda obra teatral.

19

LA TRAGICOMEDIA

El género novelesco es, sin duda, cómico. No digamos que humorístico, porque bajo el manto del humorismo se esconden muchas vanidades. Por lo pronto, se trata simplemente de aprovechar la significación poética que hay en la caída violenta del cuerpo trágico, vencido por la fuerza de inercia, por la realidad. Cuando se ha insistido sobre el realismo de la novela, debiera haberse notado que en dicho realismo algo más que realidad se encerraba, algo que permitía a éste alcanzar un vigor de poetización que le es tan ajeno. Entonces se hubiera patentizado que no está en la realidad yacente lo poético del realismo, sino en la fuerza atractiva que ejerce sobre los aerolitos ideales.

MEDITACIÓN PRIMERA

La línea superior de la novela es una tragedia; de allí se descuelga la musa siguiendo a lo trágico en su caída. La línea trágica es inevitable, tiene que formar parte de la novela, siquiera sea como el perfil sutilísimo que la limita. Por esto, yo creo que conviene atenerse al nombre buscado por Fernando de Rojas para su *Celestina:* tragicomedia. La novela es tragicomedia. Acaso en la *Celestina* hace crisis la evolución de este género, conquistando una madurez que permite en el *Quijote* la plena expansión.

Claro está que la línea trágica puede engrosar sobremanera y hasta ocupar en el volumen novelesco tanto espacio y valor como la materia cómica. Caben aquí todos los grados y oscilaciones.

En la novela como síntesis de tragedia y comedia se ha realizado el extraño deseo que, sin comentario alguno, deja escapar una vez Platón. Es allá en el Banquete, de madrugada. Los comensales, rendidos por el jugo dionisíaco, yacen dormitando en confuso desorden. Aristodemos despierta vagamente, «cuando ya cantan los gallos»; le parece ver que sólo Sócrates, Agatón y Aristófanes siguen vigilantes. Cree oír que están trabados en un difícil diálogo, donde Sócrates sostiene frente a Agatón, el joven autor de tragedias, y Aristófanes, el cómico, que no dos hombres distintos, sino uno mismo debía ser el poeta de la tragedia y el de la comedia.

Esto no ha recibido explicación satisfactoria; más siempre al leerlo he sospechado que Platón, alma llena de gérmenes, ponía aquí la simiente de la novela. Prolongando el ademán que Sócrates hace desde el

Symposion en la lívida claridad del amanecer, parece como que topamos con Don Quijote, el héroe y el orate.

20

FLAUBERT, CERVANTES, DARWIN

La infecundidad de lo que ha solido llamarse patriotismo en el pensamiento español, se manifiesta en que los hechos españoles positivamente grandes no han sido bastante estudiados. El entusiasmo se gasta en alabanzas estériles de lo que no es loable y no puede emplearse, con la energía suficiente, allí donde hace más falta.

Falta el libro donde se demuestre al detalle que toda novela lleva dentro, como una íntima filigrana, el *Quijote,* de la misma manera que todo poema épico lleva, como el fruto el hueso, la *Ilíada.*

Flaubert no siente empacho en proclamarlo: «Je retrouve—dice—mes origines dans le livre que je savais par coeur avant de savoir lire: don Quichotte»[1]. Madame Bovary es un Don Quijote con faldas y un mínimo de tragedia sobre el alma. Es la lectora de novelas románticas y representante de los ideales burgueses que se han cernido sobre Europa durante medio siglo. ¡Míseros ideales! ¡Democracia burguesa, romanticismo positivista!

Flaubert se da perfecta cuenta de que el arte novelesco es un género de intención crítica y cómico

---

[1] *Correspondence,* II, 16.

nervio: «Je tourne beaucoup à la critique—escribe al tiempo que compone la *Bovary*—; *le roman que j'écris m'aiguise cette faculté, car c'est une oeuvre surtout de critique ou plutôt d'anatomie*»[1]. Y en otro lugar: «Ah!, ce qui manque à la société moderne ce n'est pas un Christ, ni un Washington, ni un Socrate, ni un Voltaire, *c'est un Aristophane.*»[2].

Yo creo que en achaques de realismo no ha de parecer Flaubert sospechoso y que será aceptado como testigo de mayor excepción.

Si la novela contemporánea pone menos al descubierto su mecanismo cómico, débese a que los ideales por ella atacados apenas se distancian de la realidad con que se los combate. La tirantez es muy débil: el ideal *cae* desde poquísima altura. Por esta razón puede augurarse que la novela del siglo XIX será ilegible muy pronto: contiene la menor cantidad posible de dinamismo poético. Ya hoy nos sorprendemos cuando al *caer* en nuestras manos un libro de Daudet o de Maupassant no encontramos en nosotros el placer que hace quince años sentíamos. Al paso que la tensión del *Quijote* promete no gastarse nunca.

El ideal del siglo XIX era el realismo. «Hechos, sólo hechos»—clama el personaje dickensiano de *Tiempos difíciles*. El *cómo*, no el *porqué;* el hecho, no la idea—predica Augusto Comte—. Madame Bovary respira el mismo aire que Mr. Homais—una atmósfera comtista. Flaubert lee la *Filosofía positiva* en tanto que va escribiendo su novela: «c'est un

---

[1] *Correspondence*, II, 370.
[2] *Ibíd.*, II, 159.

ouvrage —dice— profondément farce; il faut seulement lire, pour s'en convaincre, l'introduction qui en est le résumé; il y a, pour quelqu'un qui voudrait faire des charges au théâtre *dans le goût aristophanesque,* sur les théories sociales, des californies de rires»[1].

La realidad es de tan feroz genio que no tolera el ideal ni aun cuando es ella misma la idealizada. Y el siglo XIX, no satisfecho con levantar a forma heroica la negación de todo heroísmo, no contento con proclamar la idea de lo positivo, vuelve a hacer pasar este mismo afán bajo las horcas caudinas de la asperísima realidad. Una frase escapa a Flaubert sobradamente característica: «on me croit épris du réel, tandis que je l'exècre; car c'est en haine du réalisme que j'ai entrepris ce roman»[2].

Estas generaciones de que inmediatamente procedemos habían tomado una postura fatal. Ya en el *Quijote* se vence el fiel de la balanza poética del lado de la amargura para no recobrarse por completo hasta ahora. Pero este siglo, nuestro padre, ha sentido una perversa fruición en el pesimismo: se ha revolcado en él, ha apurado su vaso y ha comprimido el mundo de manera que nada levantado pudo quedar en pie. Sale de toda esta centuria hacia nosotros como una bocanada de rencor.

Las ciencias naturales basadas en el determinismo habían conquistado durante los primeros lustros el

[1] *Ibíd.,* II, 261.
[2] *Ibíd.,* III, 67-68. Véase lo que escribe sobre su *Diccionario de lugares comunes: Gustavus Flaubertus, Bourgeoisophobus.*

campo de la biología. Darwin cree haber conseguido aprisionar lo vital—nuestra última esperanza—dentro de la necesidad física. La vida desciende a no más que materia. La fisiología a mecánica.

El organismo, que parecía una unidad independiente, capaz de obrar por sí mismo, es inserto en el medio físico, como una figura en un tapiz. Ya no es él quien se mueve, sino el medio en él. Nuestras acciones no pasan de reacciones. No hay libertad, originalidad. Vivir es adaptarse; adaptarse es dejar que el contorno material penetre en nosotros, nos desaloje de nosotros mismos. Adaptación es sumisión y renuncia. Darwin barre los héroes de sobre el haz de la tierra.

Llega la hora del «roman experimental». Zola no aprende su poesía en Homero ni en Shakespeare, sino en Claudio Bernard. Se trata siempre de hablarnos del hombre. Pero como ahora el hombre no es sujeto de sus actos sino que es movido por el medio en que vive, la novela buscará la representación del medio. El medio es el único protagonista.

Se habla de producir el «ambiente». Se somete el arte a una policía: la verosimilitud. Pero ¿es que la tragedia no tiene su interna, independiente verosimilitud? ¿No hay un *vero* estético—lo bello? ¿Y una similitud a lo bello? Ahí está, que no lo hay, según el positivismo: lo bello es lo verosímil y lo verdadero es sólo la física. La novela aspira a fisiología.

Una noche en el *Père Lachaise,* Bouvard y Pécuchet entierran la poesía—en honor a la verosimilitud y al determinismo.

IDEAS SOBRE
LA NOVELA

Hace poco publicaba unas notas Pío Baroja[1], a propósito de su reciente novela *Las figuras de cera*. En ellas indica que comienza a preocuparse de la técnica novelesca y que ahora se ha propuesto hacer un libro de *tempo* lento, como yo digo. Alude aquí Baroja a algunas conversaciones que sobre las condiciones actuales de este género literario hemos tenido. Aunque soy bastante indocto en materia de novelas, me ha ocurrido más de una vez ponerme a meditar sobre la anatomía y fisiología de estos cuerpos imaginarios que han constituído la fauna poética más característica de los últimos cien años. Si yo viera que personas mejor tituladas para ello—novelistas y críticos literarios—, se dignaban comunicarnos sus averiguaciones sobre este tema, no me atrevería a editar los pensamientos que ocasionalmente han venido a visitarme. Pero la ausencia de más sólidas reflexiones proporciona acaso algún valor a las siguientes ideas que enuncio a la buena de Dios y sin pretender adoctrinar a nadie.

---

[1] En el periódico *El Sol*. Luego ha contestado a estas notas mías con un prólogo teórico antepuesto a la novela *La nave de los locos*.

DECADENCIA DEL GÉNERO

Los editores se quejan de que mengua el mercado de la novela. Acaece, en efecto, que se vende menos novelas que antes, y que relativamente aumenta la demanda de libros con contenido ideológico. Si no hubiera otras razones más internas para afirmar la decadencia de este género literario, bastaría ese dato estadístico para sospecharla. Cuando oigo a algún amigo mío, sobre todo a algún joven escritor, que está escribiendo una novela, me extraña sobremanera el tranquilo tono con que lo dice, y pienso que yo en su caso temblaría. Tal vez injustamente, pero sin que pueda remediarlo, me ocurre recelar bajo esa tranquilidad una gran dosis de inconsciencia. Porque siempre ha sido cosa muy difícil producir una buena novela. Pero antes para lograrlo bastaba con tener talento. Mas ahora la dificultad ha crecido en proporción incalculable, porque hoy no basta con tener talento de novelista para crear una buena novela.

Ya el no darse cuenta de esto es un ingrediente de esa inconsciencia a que he aludido. Poco ha reflexionado sobre las condiciones de la obra artística quien no admite la posibilidad de que un género literario se agote. Es gana de hacerse vanas ilusiones y de eliminar cómodamente la cuestión suponer que la creación artística depende sólo de esa capacidad subjetiva e individual que se llama inspiración o talento. Según esto, la decadencia de un género consistiría exclusivamente en la fortuita ausencia de hombres geniales. En cualquier momento la súbita aparición de un genio trae consigo automáticamente el reflorecimiento del género más decaído.

Mas esto del genio y de la inspiración es un expediente mágico cuyo empleo procurará economizar todo el que desee ver las cosas claras. Imagínese a un leñador genial en el desierto del Sahara. De nada le sirve su músculo elástico y su hacha afilada. El leñador sin bosque donde tajar es una abstracción. Lo propio acontece en el arte. El talento es sólo una disposición subjetiva que se ejerce sobre una materia. Esta es independiente de las dotes individuales, y cuando falta, de nada sirven genio y destreza.

Toda obra literaria pertenece a un género, como todo animal a una especie. (La idea de Croce, que niega la existencia de géneros artísticos, no ha conseguido dejar la menor huella en la ciencia estética.) Y lo mismo el género artístico que la especie zoológica significan un repertorio limitado de posibilidades. Pero como artísticamente sólo cuentan aquellas posibilidades tan diferentes entre sí que no puedan considerarse como repetición una de otra, resultará que el género artístico es un arsenal de posibilidades muy limitado.

Es un error representarse la novela—y me refiero sobre todo a la moderna—como un orbe infinito del cual pueden extraerse siempre nuevas formas. Mejor fuera imaginarla como una cantera de vientre enorme, pero finito. Existe en la novela un número definido de temas posibles. Los obreros de la hora prima encontraron con facilidad nuevos bloques, nuevas figuras, nuevos temas. Los obreros de hoy se encuentran, en cambio, con que sólo quedan pequeñas y profundas venas de piedra.

Sobre ese repertorio de posibilidades objetivas que es el género, trabaja el talento. Y cuando la cantera se agota, el talento, por grande que sea, no puede hacer nada. No podrá, ciertamente, decirse nunca con rigor matemático que un género se ha consumido por completo; pero sí puede decirse, en ocasiones, con suficiente aproximación práctica. Por lo menos, cabe a veces afirmar con toda evidencia que escasea la materia.

A mi juicio, esto es lo que hoy acontece en la novela. Es prácticamente imposible hallar nuevos temas. He aquí el primer factor de la enorme dificultad objetiva y no personal que supone componer una novela aceptable en la presente altitud de los tiempos.

Durante cierta época pudieron las novelas vivir de la sola novedad de sus temas. Toda novedad produce mecánicamente, como al abrirse un circuito eléctrico, cierta corriente inducida que se añade de modo gratuito al valor de la materia. Por eso parecieron legibles muchas novelas que hoy resultan insoportables. Por algo se llama al género «novela», es decir, «novedad». A esta dificultad para hallar nuevos temas se suma otra, acaso más grave. Conforme iba saliendo a la luz el tesoro de los temas posibles, la sensibilidad del público se iba haciendo más rigorosa y exacta. Lo que anteayer hubiera aún aceptado, ya no le sabía ayer. Necesitaba temas de

DECADENCIA DEL GÉNERO

mejor calidad, más insólitos, más «nuevos». De suerte que paralelamente al agotamiento de temas nuevos, crece la exigencia de temas «más nuevos», hasta que se produce en el lector un embotamiento de la facultad de impresionarse. Este es el segundo factor de la dificultad que hoy gravita sobre todo el género.

La prueba de que la decadencia actual no proviene de que las novelas del día sean torpes, sino de razones más hondas, está en que conforme va siendo más difícil escribirlas, van también pareciendo peores o menos buenas las famosas antiguas o «clásicas». Son muy pocas las que se han salvado del naufragio en el aburrimiento del lector.

El fenómeno es inevitable y no debe desanimar a los autores. Al contrario. Porque, en definitiva, nace de que los escritores van enseñando poco a poco al público, le van afinando la percepción y refinando el gusto. Cada obra más perfecta que la anterior anula a ésta y a todas las de su nivel. Como en la batalla el vencedor lo es siempre a costa de haber dado muerte a sus enemigos, en arte el triunfo es cruel, y al conseguirlo una obra, aniquila automáticamente legiones de obras que antes gozaban de estimación.

En suma, creo que en el género novela, si no está irremediablemente agotado, se halla, de cierto, en su período último y padece una tal penuria de temas posibles, que el escritor necesita compensarla con la exquisita calidad de los demás ingredientes necesarios para integrar un cuerpo de novela.

AUTOPSIA

La verdad es que, salvo uno o dos de sus libros, el gran Balzac nos parece hoy irresistible. Nuestro aparato ocular, hecho a espectáculos más exactos y auténticos, descubre, al punto, el carácter convencional, falso, de *à peu près,* que domina el mundo de la *Comedia humana.* Si se me pregunta por qué la obra de Balzac me parece inaceptable (Balzac mismo, como individuo, es un ejemplar magnífico de humanidad), responderé: «Porque el cuadro que me ofrece es sólo un chafarrinón.» ¿Qué diferencia hay entre el chafarrinón y la buena pintura? En la buena pintura, el objeto que ella representa se halla, por decirlo así, en persona, con toda la plenitud de su ser y como en absoluta presencia. En el chafarrinón, por el contrario, el objeto no está presente, sino que hay de él en el lienzo o tabla sólo algunas pobres e inesenciales alusiones. Cuanto más lo miremos, más claro nos es la ausencia del objeto.

Esta distinción, entre mera alusión y auténtica presencia es, en mi entender, decisiva en todo arte; pero muy especialmente en la novela.

Con unas docenas de palabras podríamos referir el tema de *El Rojo y el Negro.* ¿Qué diferencia hay entre ese tema referido así por nosotros y la novela misma? No se diga que la diferencia radica en el estilo, porque eso es una tontería. Lo importante es que al decir nosotros: «Madame Rênal se enamora de Julián Sorel», no hacemos sino aludir a este hecho, al paso

AUTOPSIA

que Stendhal no alude a él, no lo refiere, sino que lo presenta en su realidad inmediata y patente.

Ahora bien: si oteamos la evolución de la novela desde sus comienzos hasta nuestros días, veremos que el género se ha ido desplazando de la pura narración, que era sólo alusiva, a la rigorosa presentación. En un principio, la novedad del tema pudo consentir que el lector gozase con la mera narración. La aventura le interesaba, como nos interesa la relación de lo acontecido a una persona que amamos. Pero pronto dejan de atraer los temas por sí mismos, y entonces lo que complace no es tanto el destino o la aventura de los personajes, sino la presencia de éstos. Nos complace verlos directamente, penetrar en su interior, entenderlos, sentirnos inmersos en su mundo o atmósfera. De narrativo o indirecto se ha ido haciendo el género descriptivo o directo. Fuera mejor decir presentativo. En una larga novela de Emilia Pardo Bazán se habla cien veces de que uno de los personajes es muy gracioso; pero como no le vemos hacer gracia ninguna ante nosotros, la novela nos irrita. El imperativo de la novela es la autopsia. Nada de referirnos lo que un personaje es: hace falta que lo veamos con nuestros propios ojos.

Analícense las novelas antiguas que se han salvado en la estimación de los lectores responsables, y se verá cómo todas emplean ese mismo método autóptico. Más que ninguna, el *Quijote*. Cervantes nos satura de pura presencia de sus personajes. Asistimos a sus auténticas conversaciones y vemos sus efectivos movimientos. La virtud de Stendhal se nutre de la misma fuente.

NO DEFINIR

Es, pues, menester que veamos la vida de las figuras novelescas, y que se evite referírnosla. Toda referencia, relación, narración, no hace sino subrayar la ausencia de lo que se refiere, relata y narra. Donde las cosas están, huelga contarlas.

De aquí que el mayor error estribe en definir el novelista sus personajes.

La misión de la ciencia es elaborar definiciones. Toda ella consiste en un metódico esfuerzo para huir del objeto y llegar a su noción. Ahora bien, la noción o definición no es más que una serie de conceptos, y el concepto, a su vez, no es más que la alusión mental al objeto. El concepto de *rojo* no contiene rojedad ninguna; es él meramente un movimiento de la mente hacia el color así llamado, un signo o indicación que hacemos en dirección a él.

Se ha dicho, por Wundt, si no recuerdo mal, que la forma más primitiva del concepto es el gesto indicativo que ejecutamos con el dedo índice. El niño comienza por querer agarrar todas las cosas, que cree siempre próximas a él por insuficiente desarrollo de su perspectiva visual. Después de muchos fracasos renuncia a coger las cosas mismas, y se contenta con ese germen de captar que es extender la mano hacia el objeto en ademán indicativo. Concepto es, en realidad, un mero señalar o designar. A la ciencia no le importan las cosas, sino el sistema de signos que pueda sustituirlas.

NO DEFINIR

El arte tiene una misión contrapuesta, y va del signo habitual a la cosa misma. Le mueve un magnífico apetito de ver. En buena parte tiene razón Fiedler cuando dice que el propósito de la pintura no es más que darnos una visión más plena, más completa de los objetos que la lograda en nuestro trato cotidiano con ellos.

Yo creo que en la novela acaece lo mismo. En sus comienzos pudo creerse que lo importante para la novela es su trama. Luego se ha ido advirtiendo que lo importante no es *lo que* se ve, sino *que* se vea bien algo humano, sea lo que quiera. Mirada desde hoy, la novela primitiva nos parece más puramente narrativa que la actual. Pero esto necesita ser depurado. Tal vez se trate de un error. Tal vez el primitivo lector de novelas era como es el niño que en unas pocas líneas, en un simple esquema, cree ver, con vigorosa presencia, íntegro el objeto. (El arte plástico primitivo y ciertos nuevos descubrimientos psicológicos de extraordinaria importancia prueban esto.) En tal caso, la novela no habría en rigor variado: sería su actual forma descriptiva, o, mejor, presentativa, tan sólo el nuevo medio que ha sido preciso emplear para obtener sobre una sensibilidad gastada el mismo efecto que en almas más elásticas producía la narración.

Si en una novela leo: «Pedro era atrabiliario», es como si el autor me invitase a que yo realice en mi fantasía la atrabilis de Pedro, partiendo de su definición. Es decir, que me obliga a ser yo el novelista. Pienso que lo eficaz es, precisamente, lo contrario: que él me dé los hechos visibles para que yo me esfuerce, complacido, en descubrir y definir a Pedro como ser atrabiliario. En suma, ha de hacer como el pintor impresionista, que sitúa en el lienzo los ingredientes necesarios para que yo vea una manzana, dejándome a mí el cuidado de dar a ese material su última perfección. De aquí el fresco sabor que tiene siempre la pintura impresionista. Nos parece que vemos los objetos del cuadro en perpetuo *status nascens*. Y toda cosa tiene en su destino dos instantes de superior dramatismo y ejemplar dinamicidad: su hora de nacer y su hora de fenecer o *status evenescens*. La pintura no impresionista, cualesquiera sean sus restantes virtudes, tal vez en otro orden superior a las de aquél, tiene el inconveniente de que ofrece los objetos ya del todo concluídos, muertos de puro acabados, hieráticos, momificados y como pretéritos. La actualidad, la reciente presencia de las cosas en la obra impresionista, les falta siempre.

LA NOVELA, GÉNERO MOROSO

Según esto, la novela ha de ser hay lo contrario que el cuento. El cuento es la simple narración de peripecias. El acento en la fisiología del cuento carga sobre éstas. La frescura pueril se interesa en la aventura como tal, acaso porque, como he sugerido, el niño ve con presencia evidente lo que nosotros no podemos actualizar. La aventura no nos interesa hoy, o, a lo sumo, interesa sólo al niño interior que, en forma de residuo un poco bárbaro, todos conservamos. El resto de nuestra persona no participa en el apasionamiento mecánico que la aventura del folletín acaso nos produce. Por eso, al concluir el novelón nos sentimos con mal sabor de boca, como habiéndonos entregado a un goce bajo y vil. Es muy difícil que hoy quepa inventar una aventura capaz de interesar nuestra sensibilidad superior.

Pasa, pues, la aventura, la trama, a ser sólo pretexto, y como hilo solamente que reúne las perlas en collar. Ya veremos por qué este hilo es, por otra parte, imprescindible. Pero ahora me importa llamar la atención sobre un defecto de análisis que nos hace atribuir nuestro aburrimiento en la lectura de una novela a que su «argumento es poco interesante». Si así fuese, podía darse por muerto este género literario. Porque todo el que medite sobre ello un poco, reconocerá la imposibilidad práctica de inventar hoy nuevos argumentos interesantes.

No, no es el argumento lo que nos complace, no es la curiosidad por saber lo que va a pasar a Fulano lo que nos deleita. La prueba de ello está en que el argumento de toda novela se cuenta en muy pocas palabras, y *entonces* no nos interesa. Una narración somera no nos sabe: necesitamos que el autor se detenga y nos haga dar vueltas en torno a los personajes. Entonces nos complacemos al sentirnos impregnados y como saturados de ellos y de su ambiente, al percibirlos como viejos amigos habituales de quienes lo sabemos todo y al presentarse nos revelan toda la riqueza de sus vidas. *Por esto es la novela un género esencialmente retardatario*—como decía no sé si Goethe o Novalis. Yo diría más: hoy es y tiene que ser un género moroso—, todo lo contrario, por tanto, que el cuento, el folletín y el melodrama.

Alguna vez he intentado aclararme de dónde viene el placer—ciertamente modesto—que originan algunas de estas películas americanas, con una larga serie de capítulos, o, como dice el nuevo y absurdo burgués español, de «episodios». (Una obra que se compusiera de episodios sería una comida toda de entremeses y un espectáculo hecho de entreactos.) Y con no poca sorpresa he hallado que esa complacencia no procedía nunca del estúpido argumento, sino de los personajes mismos. Me he entretenido en aquellas películas cuyas figuras eran agradables, curiosas, tanto por el papel que representaban como por el acierto con que el físico del actor realizaba su idea. Una película en que el detective y la joven americana sean simpáticos puede durar indefinidamente sin cansancio nuestro. No importa lo que hagan: nos gusta verlos entrar y salir y moverse. No nos interesan por lo que hagan, sino al revés, cualquier cosa que hagan nos interesa, por ser ellos quienes la hacen.

Recuérdese ahora las novelas mayores del pasado que han conseguido triunfar de las enormes exigencias planteadas por el lector del día y se advertirá que la atención nuestra va más a los personajes por sí mismos que a sus aventuras. Son Don Quijote y Sancho quienes nos divierten, no lo que les pasa. En principio, cabe imaginar un *Quijote* de igual valor que el auténtico, donde acontezcan al caballero y su criado otras aventuras muy diferentes. Lo propio acaece con Julián Sorel o con David Copperfield.

DOS TEATROS

FUNCIÓN Y SUBSTANCIA

Nuestro interés se ha transferido, pues, de la trama a las figuras, de los actos a las personas. Ahora bien—y vaya dicho como un intermedio—, este desplazamiento coincide con el que en la ciencia física, y sobre todo en la filosofía, se inicia desde hace veinte años. Desde Kant a 1900 predomina una exacerbada tendencia a eliminar de la teoría las substancias y sustituirlas por las funciones. En Grecia, en la Edad Media, se decía *operari sequitur esse,* los actos son consecuencia y derivados de la esencia. En el siglo XIX se considera como un ideal lo contrario: *esse sequitur operari,* el ser no es más que el conjunto de sus actos o funciones.

¿Por ventura tornamos hoy de las acciones a la persona, de la función a la substancia? Esto equivaldría a un síntoma de clasicismo emergente.

Pero esto merece un poco más de comentario y nos invita a buscar una orientación en el confrontamiento del teatro clásico francés y el teatro español castizo.

DOS TEATROS

Pocas cosas pueden orientar tan delicadamente sobre la diferencia en los destinos de España y Francia como la diferencia de estructura entre el teatro, clásico francés y el nuestro castizo. No llamo también clásico a éste porque, sin mermar porción alguna de su valor, es forzoso negarle todo carácter de clasicismo. Se trata, ante todo, de un arte popular y no creo que haya en la historia nada que siendo popular haya resultado clásico. La tragedia francesa es, por el contrario, un arte para aristocracias. Comienza, pues, a diverger de nuestro teatro en la clase de público a que se dirige. Su intención estética es, asimismo, próximamente inversa de la que mueve a nuestros populares dramaturgos, y me refiero, claro está, a la totalidad de ambos estilos, sin negar que en uno y otro aparezcan excepciones, encargadas como siempre de confirmar la regla.

La tragedia francesa reduce al mínimo la acción. No sólo en el sentido de las tres unidades (ya veremos la utilidad de éstas para la novela «que hay que hacer»), sino más aún, porque la historia referida se reduce a las menores proporciones. Nuestro teatro acumula todas las aventuras y peripecias que puede. Se advierte que el autor necesita entretener a un público apasionado por andanzas materialmente difíciles, insólitas y peligrosas. El trágico francés procura, sobre el cañamazo de una «historia» muy conocida y que por sí misma no interesa, destacar sólo tres o cuatro momentos significativos. Elude la aventura o peripecia externa: los sucesos le sirven sólo para plantear ciertos problemas íntimos. Autor y público se complacen no tanto en las pasiones de los personajes y sus dramáticas consecuencias como en el análisis de esas pasiones. En nuestro teatro, por el contrario, no es frecuente, o, por lo menos, no es importante la anatomía psicológica de los sentimientos y caracteres. Se parte de éstos tomándolos en bloque y por de fuera, y se usa de ellos como de un trampolín para que el drama o aventura dé su gran brinco elástico. Otra cosa hubiera aburrido al público de los «corrales» españoles, compuesto de almas sencillas, más ardientes que contemplativas.

No es, sin embargo, el análisis psicológico la intención última de la tragedia francesa. Sirve, más bien, de mero aparato para otra cosa que evidentemente enlaza aquélla con el teatro griego y romano. (Es incalculable la influencia de las tragedias de Séneca en la dramaturgia francesa clásica.) El público noble se complace en el carácter ejemplar y normativo del suceso trágico. Más que para angustiarse con el destino torturado de Fedra o Atalía, asiste a la obra escénica para entonarse con la ejemplaridad de estas figuras magnánimas. En el fondo, el teatro francés es una contemplación ética y no un apasionamiento vital como el nuestro. No es una acción cualquiera, no es una serie de peripecias éticamente neutras lo que presenta, sino un tipo ejemplar de reacciones, un repertorio de gestos normativos ante los grandes casos de la existencia. Los personajes son, en efecto, héroes, naturalezas de selección, normas de magnanimidad, humanos *standard*. Por eso no concebía este teatro más personajes que reyes y magnates, criaturas exentas de las urgencias primarias de la vida, cuya energía exuberante podía vacar a conflictos puramente morales. Aunque desconociésemos la sociedad francesa de entonces, la lectura de estas tragedias nos invitaría a suponer frente a ellas un público preocupado de aprender altas formas de decoro y anheloso de su propio perfeccionamiento. El estilo es siempre mesurado y de técnica noble: no se concibe en él la grosería que da tal vez un gracioso colorido, ni el frenesí postremo. La pasión no se abandona nunca a sí misma y procede con rigorosa corrección de modales, conteniéndose dentro de los cauces de leyes poéticas, urbanas y hasta gramaticales. El arte trágico francés es el arte de no abandonarse, antes bien, de buscar siempre para el gesto y el verbo la norma mejor que debe regularlos. En suma, transparece en él ese afán de selección, de mejoramiento reflexivo que ha permitido a Francia, generación tras generación, pulir su vida y su raza.

Lo orgiástico, el abandono, es característico de lo popular en todo orden. Así las religiones populares se han entregado siempre a ritos de orgía contra los cuales ha combatido perpetuamente la religión de los espíritus selectos. El brahmán combate la magia, el mandarín confuciano la superstición taoísta, el concilio católico los orgasmos místicos. Cabría resumir las dos actitudes vitales más antagónicas que existen diciendo que para la una—la noble, exigente— el ideal de la existencia es no abandonarse, eludir la orgía, al paso que para la otra—la popular—vivir es entregarse a la emoción invasora y buscar en la pasión, el rito o el alcohol, el frenesí y la inconsciencia.

El público español buscaba algo de esto último en los dramas ardientes que nuestros poetas fabricaban. Y ello confirma, por ruta bien inesperada, la condición de pueblo «pueblo» que alguna vez he creído descubrir en la historia entera de nuestra España. No selección y modo, sino pasión y abandono. Sin duda, que esta sed alcohólica de apasionamiento posee escasa grandeza. Yo no trato ahora de comparar valores de razas ni de estilos, sino que únicamente describo a la ligera dos temperamentos contrarios.

En general, la personalidad de hombres y mujeres es borrosa en nuestro teatro. No son sus personas lo más interesante, sino que se les hace rodar por el mundo, correr las cuatro partidas, arrastrados por un torbellino de aventuras. Damas despeinadas perdidas en sierras, que ayer, acicaladas, aparecían en el fondo semioscuro del estrado y mañana, disfrazadas de moras, pasarán por el puerto de Constantinopla. ¡Amores súbitos y como mágicos que arrebatan los corazones incandescentes y sin peso! Esto era lo que atraía a nuestros antepasados. En un delicioso artículo de *Azorín* se describe una representación de corral en un pueblo castizo, y hay un momento, cuando el galán en peligro aprovecha la hora dificilísima para decir su amor a la dama en versos coruscantes, chisporroteantes como teas, de una deleitosa retórica llena de volutas barrocas, cargada de imágenes, por donde cruza toda la fauna y toda la flora—la retórica que en la plástica da las cartelas post-renacentistas con sus trofeos, sus frutos, sus banderolas y sus cráneos de chivo o carnero—en que a un licenciado cincuentón, que presencia la escena, se le enardecen los negros ojos sobre la faz cetrina y con una mano nerviosa acaricia su perilla grisienta. Esta nota de *Azorín* me ha enseñado más sobre el teatro español que cuantos libros he leído[1]. Materia para enardecimiento

[1] Véase el ensayo de Américo Castro al frente de un tomo de Tirso en los admirables *Clásicos castellanos*, de *La Lectura*.

fué el género—es decir, lo más opuesto a norma de perfección que pretendió ser el género francés. No para contemplar un perfil ejemplar iba el buen castellano a ver la comedia famosa, sino para dejarse arrebatar, para embriagarse en el torrente de aventuras y trances de los personajes. Sobre la intrincada y varia trama del argumento bordaba el poeta su rebuscada fluencia verbal, archiflorida de metáforas relampagueantes en un vocabulario lleno de sombras profundas y reflejos brillantes, muy parecidos a los retablos del mismo siglo. Junto al fuego de los destinos apasionantes, hallaba el público el incendio de imaginación, el formidable fuego artificial de las cuartetas lopescas o calderonianas.

La substancia de placer que encierra nuestro teatro es del mismo linaje dionisíaco que el arrobo místico de los frailes y monjitas del tiempo, grandes bebedores de exaltación. Nada contemplativo, repito. Para contemplar son precisas frialdad y distancia entre nosotros y el objeto. El que quiera contemplar un torrente lo primero que debe hacer es procurar no ser arrastrado por él.

Vemos, pues, en ambos teatros dos propósitos artísticos contrapuestos: en el drama castellano lo esencial es la peripecia, el destino accidentado y junto a ello la lírica ornamentación del verso estofado. En la tragedia francesa, lo más importante es el personaje mismo, su calidad ejemplar y paradigmática. Por esta razón, Racine nos parece frío y monócromo. Diríamos que se nos hace ingresar en un jardín donde hablan unas estatuas y fatigan nuestra admiración presentándonos el mismo modelo de gesto. En Lope de Vega, por el contrario, hallamos más bien pintura que escultura. Un vasto lienzo lleno de tinieblas y luminosidades, donde todo alienta colorido y gesticulante, el noble y el plebeyo, el arzobispo y el capitán, la reina y la serrana, gente inquieta, decidora, abundante, extremada, que va y viene locamente, sin rango y sin normas, con una pululación de infusorios en la gota de agua. Para ver la masa espléndida de nuestro teatro, no conviene abrir mucho los ojos, como quien persigue la línea de un perfil, sino más bien entornarlos, con gesto de pintor, con el gesto de Velázquez mirando a las meninas, a los enanos y a la pareja real.

Yo creo que este punto de vista es el que nos permite ver hoy nuestro teatro bajo el ángulo más favorable. Los entendidos en literatura española—yo sé muy poco de ella—deberían ensayar su aplicación. Tal vez resulte fecundo y dirija el análisis hasta los valores efectivos de aquella gigantesca cosecha poética.

Ahora no pretendía yo otra cosa que contraponer un arte de figuras a un arte de aventuras. Pues sospecho que la novela de alto estilo tiene hoy que tornar, aunque en otro giro, de éstas a aquéllas y más bien que inventar tramas por sí mismas interesantes —cosa prácticamente imposible—, idear personas atractivas.

DOSTOIEVSKY Y PROUST

En tanto que otros grandes declinan, arrastrados hacia el ocaso por la misteriosa resaca de los tiempos,

Dostoievsky se ha instalado en lo más alto. Tal vez haya un poco de exceso en el fervor actual por su obra, y yo quisiera reservar mi juicio sobre ella para una hora de mayor holgura. Pero de todas suertes, no es dudoso que Dostoievsky se ha salvado del general naufragio padecido por la novela del siglo pasado en lo que va del corriente. Y es el caso que las razones emitidas casi siempre para explicar este triunfo, esta capacidad de supervivencia, me parecen erróneas. Se atribuye el interés que sus novelas suscitan a su materia: el dramatismo misterioso de la acción, el carácter extremadamente patológico de los personajes, el exotismo de estas almas eslavas, tan diferentes en su caótica complexión de las nuestras, pulidas, aristadas y claras. No niego que todo ello colabore en el placer que nos causa Dostoievsky; pero no me parece suficiente para explicarlo. Es más, cabría considerar tales ingredientes como factores negativos, más propios para enojarnos que para atraernos. Recuerde el que ha leído estas novelas que envuelta en la complacencia dejaba en él su lectura cierta impresión penosa, desapacible y como turbia.

La materia no salva nunca a una obra de arte, y el oro de que está hecha no consagra a la estatua. La obra de arte vive más de su forma que de su material y debe la gracia esencial que de ella emana a su estructura, a su organismo. Esto es lo propiamente artístico de la obra, y a ello debe atender la crítica artística y literaria. Todo el que posee delicada sensibilidad estética presentirá un signo de filisteísmo en que, ante un cuadro o una producción poética, señale alguien como lo decisivo el «asunto». Claro es que sin éste no existe obra de arte, como no hay vida sin procesos químicos. Pero lo mismo que la vida no se reduce a éstos, sino que empieza a ser vida cuando a la ley química agrega su original complicación de nuevo orden, así la obra de arte lo es merced a la estructura formal que impone a la materia o al asunto.

Siempre me ha extrañado que aun a las personas del oficio se les resista reconocer como lo verdaderamente substancioso del arte, lo formal, que al vulgo parece como abstracto e inoperante.

El punto de vista del autor o del crítico no puede ser el mismo que el del lector incalificado. A éste le importa sólo el efecto último y total que la obra le produzca y no se preocupa de analizar la génesis de su placer.

Así acaece que se ha hablado mucho de lo que pasa en las novelas de Dostoievsky, y, apenas nada de su forma. Lo insólito de la acción y de los sentimientos que este formidable escritor describe ha detenido la mirada del crítico y no le ha dejado penetrar en lo más hondo del libro que, como en toda creación artística, es siempre lo que parece más adjetivo y superficial: la estructura de la novela como tal. De aquí una curiosa ilusión óptica. Se atribuye a Dostoievsky el carácter inconsciente, turbulento de sus personajes y se hace del novelista mismo una figura más de sus novelas. Estas parecen engendradas en una hora de éxtasis demoníaco por algún poder elemental y anónimo, pariente del rayo y hermano del vendaval.

Pero todo eso es magia y fantasmagoría. La mente

alerta se complace en todas esas imágenes cosmogónicas, pero no las toma en serio, y prefiere, al cabo, ideas claras. Podrá ser cierto que el hombre Dostoievsky fuese un pobre energúmeno, o, si gusta más, un profeta; pero el novelista Dostoievsky fué un *homme de lettres,* un solícito oficial de un oficio admirable, nada más. Sin lograrlo del todo, yo he intentado muchas veces convencer a Baroja de que Dostoievsky era, antes que otra cosa, un prodigioso técnico de la novela, uno de los más grandes innovadores de la forma novelesca.

No hay ejemplo mejor de lo que he llamado morosidad propia a este género. Sus libros son casi siempre de muchas páginas, y, sin embargo, la acción presentada suele ser brevísima. A veces necesita dos tomos para describir un acaecimiento de tres días, cuando no de unas horas. Y, sin embargo, ¿hay caso de mayor intensidad? Es un error creer que ésta se obtiene contando muchos sucesos. Todo lo contrario: pocos y sumamente detallados, es decir, realizados. Como en tantas otras cosas, rige aquí también el *nom multa, sed multum.* La densidad se obtiene, no por yuxtaposición de aventura a aventura, sino por dilatación de cada una mediante prolija presencia de sus menudos componentes.

La concentración de la trama en tiempo y lugar, característica de la técnica de Dostoievsky, nos hace pensar en un sentido insospechado que recobran las venerables «unidades» de la tragedia clásica. Esta norma, que invitaba, sin que se supiese por qué, a una continencia y limitación, aparece ahora como un fértil recurso para obtener esa interna densidad, esa como presión atmosférica dentro del volumen novelesco.

No duele nunca a Dostoievsky llenar páginas y páginas con diálogos sin fin de sus personajes. Merced a este abundante flujo verbal, nos vamos saturando de sus almas, van adquiriendo las personas imaginarias una evidente corporeidad que ninguna definición puede proporcionar.

Es sobremanera sugestivo sorprender a Dostoievsky en su astuto comportamiento con el lector. Quien no mire atentamente creerá que el autor define cada uno de sus personajes. En efecto, casi siempre que va a presentar alguno comienza por referirnos brevemente su biografía en forma tal, que nos parece poseer, desde luego, una definición suficiente de su índole y facultades. Pero apenas comienza, en efecto, a actuar—es decir, a conversar y ejecutar acciones—, nos sentimos despistados. El personaje no se comporta según la figura que aquella presunta definición nos prometía. A la primera imagen conceptual que de él se nos dió, sucede una segunda donde le vemos directamente vivir, que no nos es ya definida por el autor y que discrepa notablemente de aquélla. Entonces comienza en el lector, por un inevitable automatismo, la preocupación de que el personaje se le escapa en la encrucijada de esos datos contradictorios, y, sin quererlo, se moviliza en su persecución, esforzándose en interpretar los síntomas contrapuestos para conseguir una fisonomía unitaria; es decir, se ocupa en definirlo él. Ahora bien, esto es lo que nos acontece en el trato vital con las gentes. El azar las conduce ante nosotros, las filtra en el orbe de nuestra vida individual sin que nadie se encargue oficialmente de definírnoslas. En todo momento hallamos delante su realidad difícil, no su sencillo concepto. Y este no poseer nunca su secreto suficiente, esta relativa indocilidad del prójimo a ajustarse por completo a nuestras ideas sobre él, es lo que le da independencia de nosotros y nos hace sentirlo como algo real, efectivo y trascendente de nuestras imaginaciones. Por donde llegamos a una advertencia inesperada: que el «realismo»—llamémosle así para no complicar—de Dostoievsky no está en las cosas y hechos por él referidos, sino en el modo de tratar con ellos a que se ve obligado el lector. No es la materia de la vida lo que constituye su «realismo», sino la forma de la vida.

En esta estratagema de despistar al lector llega Dostoievsky a la crueldad. Porque no sólo evita aclararnos sus figuras mediante anticipaciones definidoras de cómo son, sino que la conducta de los personajes varía de etapa en etapa, presentándonos haces diferentes de cada persona, que así nos parecen irse formando e integrando poco a poco ante nuestros ojos. Elude Dostoievsky la estilización de los caracteres y se complace en que transparezcan sus equívocos, como acontece en la existencia real. El lector se ve forzado a reconstruir entre vacilaciones y correcciones, temeroso siempre de haber errado, el perfil definitivo de estas mudables criaturas.

A éste y otros artificios debe Dostoievsky la sin par cualidad de que sus libros—mejores o peores—no parecen nunca falsos, convencionales. El lector no tropieza nunca con los bastidores del teatro sino que, desde luego, se siente sumergido en una cuasirealidad perfecta, siempre auténtica y eficaz. Porque la novela exige—a diferencia de otros géneros poéticos—que no se la perciba como tal novela, que no se vea el telón de boca ni las tablas del escenario. Balzac, leído hoy, nos despierta de nuestro ensueño novelesco a cada página, porque nos golpeamos contra su andamiaje de novelista. Sin embargo, la condición más importante de la estructura que Dostoievsky proporciona a la novela es más difícil de explicar y prefiero referirme a ella posteriormente.

Conviene, en cambio, hacer constar desde ahora que ese hábito de no definir, antes bien, de despistar, esa continua mutación de los caracteres, esa condensación en tiempo y lugar, en fin, esa morosidad o *tempo lento* no son usos exclusivos de Dostoievsky. Todas las novelas que aun pueden leerse hoy coinciden más o menos en su empleo. Sirva de ejemplo occidental Stendhal en todos sus libros mayores. *El Rojo y el Negro,* que, por ser una novela biográfica, refiere algunos años de la vida de un hombre, está compuesta en forma de tres o cuatro cuadros, cada uno de los cuales se comporta en su interior como una novela entera del maestro ruso.

El último gran libro novelesco—la ingente obra de Proust—declara todavía más esa secreta estructura, llevándola en cierto modo a su exageración.

En Proust, la morosidad, la lentitud llega a su extremo y casi se convierte en una serie de planos estáticos, sin movimiento alguno, sin progreso ni tensión. Su lectura nos convence de que la medida de la lentitud conveniente se ha traspasado. La trama queda casi anulada y se borra el postrer resto de interés dramático. La novela queda así reducida a pura descripción inmóvil, y exagerado con exclusivismo el carácter difuso, atmosférico, sin acción concreta, que es, en efecto, esencial al género. Notamos que le falta el esqueleto, el sostén rígido y tenso, que son los alambres en el paraguas. Deshuesado el cuerpo novelesco se convierte en nube informe, en plasma sin figura, en pulpa sin dintorno. Por esta razón, he dicho antes que aunque la trama o acción posee un papel mínimo en la novela actual, en la novela posible no cabe eliminarla por completo y conserva la función, ciertamente no más que mecánica, del hilo en el collar de perlas, de los alambres en el paraguas, de las estacas en la tienda de campaña.

Mi idea—que antes de ser rechazada por el lector merece de su parte, créame, alguna meditación— es, pues, que el llamado interés dramático carece de valor estético en la novela, pero es una necesidad mecánica de ella. La razón de esta necesidad se origina en la ley general del alma humana, que merece siquiera una breve exposición.

ACCIÓN Y CONTEMPLACIÓN

Hace más de diez años que en las *Meditaciones del Quijote* atribuía yo a la novela moderna, como su misión esencial, describir una atmósfera a diferencia de otras formas épicas—la epopeya, el cuento, la novela de aventuras, el melodrama y el folletín— que refieren una acción concreta, de línea y curso muy definidos. Frente a la acción concreta, que es un movimiento lo más rápido posible hacia una conclusión, lo atmosférico significa algo difuso y quieto. La acción nos arrebata en su dramática carrera; lo atmosférico, en cambio, nos invita simplemente a su contemplación. En la pintura representa el paisaje un tema atmosférico, donde «no pasa nada», mientras el cuadro de historia narra una hazaña perfilada, un suceso de forma escueta. No es un azar que con motivo del paisaje se inventase la técnica del *plein air,* es decir, de la atmósfera.

Posteriormente sólo he tenido ocasión de afirmarme en aquel primer pensamiento, porque el gusto del público mejor y los intentos más gloriosos de los autores recientes acusaban cada vez con mayor claridad ese destino de la novela como género difuso. La última creación de alto estilo, que es la obra de Proust, lleva el problema a su máxima evidencia: en ella se extrema hasta la más superlativa exageración el carácter no dramático de la novela. Proust renuncia del todo a arrebatar al lector mediante el dinamismo de una acción y le deja en una actitud puramente contemplativa. Ahora bien, este radicalismo es causa de las dificultades y la insatisfacción que el lector encuentra en la lectura de Proust. Al pie de cada página, pediríamos al autor un poco de interés dramático, aun reconociendo que no es éste, sino lo que el autor nos ofrece con tan excesiva abundancia, el manjar más delicioso. Lo que el autor nos ofrece es un análisis microscópico de almas humanas. Con un ápice de dramatismo—porque, en rigor, nos contentaríamos con casi nada—la obra hubiera resultado perfecta.

¿Cómo se compagina esto? ¿Por qué necesitamos para leer una novela que estimamos cierto mínimum de acción que no estimamos? Yo creo que todo el que reflexione un poco rigorosamente sobre los componentes de su placer al leer las grandes novelas tropezará con idéntica antinomia.

El que una cosa sea necesaria para otra no implica que sea por sí misma estimable. Para descubrir el crimen hace falta el delator, mas no por eso estimamos la delación.

El arte es un hecho que acontece en nuestra alma al ver un cuadro o leer un libro. A fin de que este hecho se produzca es menester que funcione bien nuestro mecanismo psicológico, y toda la serie de sus exigencias mecánicas será ingrediente necesario de la obra artística, pero no posee valor estético o lo tendrá sólo reflejo y derivado. Pues bien, yo diría que el interés dramático es una necesidad psicológica de la novela, nada más, pero, claro está, nada menos. De ordinario, no se piensa así. Suele creerse que es la trama sugestiva uno de los grandes factores estéticos de la obra, y consecuentemente se pedirá la mayor cantidad de ella posible. Yo creo inversamente que siendo la acción un elemento no más que mecánico, es estéticamente peso muerto, y, por tanto, debe reducirse al mínimum. Pero a la vez, y frente a Proust, considero que este mínimum es imprescindible.

La cuestión trasciende del círculo de la novela, y aun del arte todo, para adquirir las más vastas proporciones en filosofía. Recuerdo haber tratado varias veces este tema con alguna longitud en mis cursos universitarios.

ACCIÓN Y CONTEMPLACIÓN

Se trata nada menos que del antagonismo o mutualidad entre acción y contemplación. Dos tipos de hombre se oponen: el uno aspira a la pura contemplación; el otro prefiere actuar, intervenir, apasionarse. Sólo se entera uno de lo que son las cosas en la medida que las contempla. El interés nubla la contemplación haciéndonos tomar partido, cegándonos para lo uno, mientras derrama un exceso de luz sobre lo otro. La ciencia adopta, desde luego, esta actitud contemplativa, resuelta a no hacer más que espejar castamente la fisonomía multiforme del cosmos. El arte es, asimismo, un deleitarse en la contemplación.

Aparecen de esta suerte el contemplar y el interesarse como dos formas polares de la conciencia que, en principio, mutuamente se excluyen. Por eso el hombre de acción suele ser un pensador pésimo o nulo, y el ideal del sabio, por ejemplo en el estoicismo, hace de éste un ser desenganchado de todas las cosas, inactivo, con alma de laguna inmóvil que refleja impasible los cielos transeúntes.

Pero esta contraposición radical es, como todo radicalismo, una utopía del espíritu geométrico. La pura contemplación no existe, no puede existir. Si exentos de todo interés concreto nos colocamos ante el universo, no lograremos ver nada bien. Porque el número de cosas que con igual derecho solicitan nuestra mirada es infinito. No habría más razón para que nos fijásemos en un punto más que en otro, y nuestros ojos, indiferentes, vagarían de aquí para allá, resbalando, sin orden ni perspectiva, sobre el paisaje universal, incapaces de fijarse en nada. Se olvida demasiado la humilde perogrullada de que para ver hay que mirar, y para mirar hay que fijarse, es decir, hay que atender. La atención es una preferencia que subjetivamente otorgamos a unas cosas en perjuicio de otras. No se puede atender a aquéllas sin desatender éstas. Viene a ser, pues, la atención un foco de iluminación favorable que condensamos sobre una zona de objetos, dejando en torno a ella una zona de penumbra y desatención.

La pura contemplación pretende ser una rigorosa imparcialidad de nuestra pupila, que se limita a reflejar el espectáculo de la realidad, sin permitirse el sujeto la menor intervención ni deformación de él. Pero ahora advertimos que tras ella, como supuesto ineludible, funciona el mecanismo de la atención que dirige la mirada desde dentro del sujeto y vierte sobre las cosas una perspectiva, un modelado y jerarquía, oriundos de su fondo personal. No se atiende a lo que se ve, sino al contrario, se ve bien sólo aquello a que se atiende. La atención es un *a priori* psicológico que actúa en virtud de preferencias efectivas, es decir, de intereses.

La nueva psicología se ha visto obligada a trastornar paradójicamente el orden tradicional de las facultades mentales. El escolástico, como el griego, decía: *ignoti nulla cupido*—de lo desconocido no hay deseo, no interesa. La verdad es, más bien, lo contrario: sólo conocemos bien aquello que hemos deseado en algún modo, o, para hablar más exactamente, aquello que previamente nos interesa. Cómo es posible interesarse en lo que aún no se conoce, constituye la abrupta paradoja que he intentado aclarar en mi *Iniciación en la Estimativa*[1].

Sin rozar ahora asunto de tan elevado rango, basta con que cada cual descubra en su propio pasado cuáles fueron las circunstancias en que aprendió más del mundo, y advertirá que no fueron aquellas en que se propuso deliberadamente ver y sólo ver. No es el paisaje que visitamos, como turistas, el que hemos visto mejor. Notorio es que, en últimas cuentas, el turista no se entera bien de nada. Resbala sobre la urbe o la comarca, sin oprimirse contra ellas y forzarlas a rendir gran copia de su contenido. Y, sin embargo, parece que, en principio, había de ser el turista, ocupado exclusivamente en contemplar, quien mayor botín de noticias lograse. Al otro extremo se halla el labriego, que tiene con la campiña una relación puramente interesada. Todo el que ha solido caminar tierra adentro ha notado con sorpresa la ignorancia que del campo padece el campesino. No sabe de cuanto le rodea más que lo estrictamente atañedero a su interés utilitario de agricultor.

Esto indica que la situación prácticamente óptima para conocer—es decir, para absorber el mayor número y la mejor calidad de elementos objetivos—, es intermediaria entre la pura contemplación y el urgente interés. Hace falta que algún interés vital, no demasiado premioso y angosto, organice nuestra contemplación, la confine, limite y articule, poniendo en ella una perspectiva de atención. Con respecto al campo puede asegurarse que *ceteris paribus* es el

---

[1] Véase el tomo VI de las *Obras completas* del autor.

cazador, el cazador de afición, quien suele conocer mejor la comarca, quien logra contacto más fértil con más lados o facetas del multiforme terruño. Parejamente no hemos visto bien otras ciudades que aquellas donde hemos vivido enamorados. El amor concentraba nuestro espíritu sobre su deleitable objeto, dotándonos de una hipersensibilidad de absorción que se derramaba sobre el contorno, sin necesidad de hacerlo centro deliberado de la visión.

Los cuadros que más nos han penetrado no son los del Museo, donde hemos ido a «ver cuadros», sino, tal vez, la humilde tabla en la entreluz de un aposento donde la existencia nos llevó con muy otras preocupaciones. En el concierto fracasa la música que, a lo mejor, yendo por la calle, sumidos en interesadas reflexiones, oímos tocar a un ciego y nos compunge el corazón.

Es evidente que el destino del hombre no es primariamente contemplativo. Por eso es un error que para contemplar, la condición mejor es ponerse a contemplar, esto es, hacer de ello un acto primario. En cambio, dejando a la contemplación un oficio secundario y montando en el alma el dinamismo de un interés, parece que adquirimos el máximo poder absorbente y receptivo.

Si no fuera así, el primer hombre, colocado ante el cosmos, lo habría traspasado íntegramente con su pupila, lo habría visto entero. Mas lo acaecido fué, más bien, que la humanidad sólo ha ido viendo el universo trozo a trozo, círculo tras círculo, como si cada una de sus situaciones vitales, de sus afanes, menesteres e intereses le hubiese servido de órgano perceptivo con que otear una breve zona circundante.

De donde resulta que lo que parece estorbo a la pura contemplación—ciertos intereses, sentimientos, necesidades, preferencias afectivas—son justamente el instrumento ineludible de aquélla. De todo destino humano que no sea monstruosamente torturado puede hacerse un magnífico aparato de contemplación—un observatorio—, en forma tal que ningún otro, ni siquiera los que en apariencia son más favorables, pueda sustituirlo. Así, la vida más humilde y doliente es capaz de recibir una consagración teórica, una misión de sabiduría intransferible, si bien sólo ciertos tipos de existencia poseen las condiciones óptimas para el mejor conocimiento.

Pero dejemos estas lejanías y retengamos únicamente la advertencia de que sólo a través de un mínimum de acción es posible la contemplación. Como en la novela el paisaje y la fauna que se nos ofrece son imaginarios, hace falta que el autor disponga en nosotros algún interés imaginario, un mínimo apasionamiento que sirva de soporte dinámico y de perspectiva a nuestra facultad de ver. Conforme la perspicacia psicológica se ha ido desarrollando en el lector, ha disminuído su sed de dramatismo. El hecho es afortunado, porque hoy se encuentra el novelista con la imposibilidad de inventar grandes tramas insólitas para su obra. A mi juicio, no debe preocuparle. Con un poco de tensión y movimiento le basta. Ahora que ese poco es inexcusable. Proust ha demostrado la necesidad del movimiento escribiendo una novela paralítica.

LA NOVELA COMO "VIDA PROVINCIANA"

Por tanto, hay que invertir los términos: la acción o trama no es la substancia de la novela, sino, al contrario, su armazón exterior, su mero soporte mecánico. La esencia de lo novelesco—adviértase que me refiero tan sólo a la novela moderna—no está en lo que pasa, sino precisamente en lo que no es «pasar algo», en el puro vivir, en el ser y el estar de los personajes, sobre todo en su conjunto o ambiente. Una prueba indirecta de ello puede encontrarse en el hecho de que no solemos recordar de las mejores novelas los sucesos, las peripecias por que han pasado sus figuras, sino sólo a éstas, y citarnos el título de ciertos libros, equivale a nombrarnos una ciudad donde hemos vivido algún tiempo; al punto rememoramos un clima, un olor peculiar de la urbe, un tono general de las gentes y un ritmo típico de existencia. Sólo después, si es caso, acude a nuestra memoria alguna escena particular.

Es, pues, un error que el novelista se afane mayormente por hallar una «acción». Cualquiera nos sirve. Para mí ha sido siempre un ejemplo clásico de la independencia en que el placer novelesco se halla de la trama, una obra que Stendhal dejó apenas mediada y se ha publicado con títulos diversos: *Luciano Leuwen, El cazador verde*, etc. La porción existente alcanza una abundante copia de páginas. Sin embargo, allí no pasa nada. Un joven oficial llega a una

LA NOVELA COMO «VIDA PROVINCIANA»

capital de departamento y se enamora de una dama que pertenece al señorío provinciano. Asistimos únicamente a la minuciosa germinación del delectable sentimiento en uno y otro ser; nada más. Cuando la acción va a enredarse, lo escrito termina, pero quedamos con la impresión de que hubiéramos podido seguir indefinidamente leyendo páginas y páginas en que se nos hablase de aquel ricón francés, de aquella dama legitimista, de aquel joven militar con uniforme de color amaranto.

¿Y para qué hace falta más que esto? Y, sobre todo, téngase la bondad de reflexionar un poco sobre qué podía ser lo «otro» que no es esto, esas «cosas interesantes», esas peripecias maravillosas... En el orden de la novela, eso no existe (no hablamos ahora del folletín o del cuento de aventuras científicas al modo de Poe, Wells, etc.). La vida es precisamente cuotidiana. No es más allá de ella, en lo extraordinario, donde la novela rinde su gracia específica, sino más acá, en la maravilla de la hora simple y sin leyenda[1]. No se puede pretender interesarnos en el sentido novelesco mediante una ampliación de nues-

---

[1] Esta afirmación estética de lo cuotidiano y la exclusión rigorosa de todo lo maravilloso es la nota más esencial que define el género «novela» en el sentido de esta palabra que importa para el presente ensayo. Es de esperar que el lector no se rinda al equívoco accidental del lenguaje, que usa el mismo nombre para denominar el libro de caballerías y su opuesto el *Quijote*. En rigor, para hallar las condiciones de la novela, en el sentido más actual del término, bastaría con reflexionar sobre cómo puede estar constituída una producción épica que elimina formalmente todo lo extraordinario y maravilloso.

tro horizonte cuotidiano, presentándonos aventuras insólitas. *Es preciso operar al revés,* angostando todavía más el horizonte del lector. Me explicaré.

Si por horizonte entendemos el círculo de seres y acontecimientos que integran el mundo de cada cual, podríamos cometer el error de imaginar que hay ciertos horizontes tan amplios, tan variados, tan heteróclitos, que son verdaderamente interesantes, al paso que otros son tan reducidos y monótonos que no cabe interesarse en ellos. Se trata de una ilusión. La señorita de *comptoir* supone que el mundo de la duquesa es más dramático que el suyo, pero de hecho acaece que la duquesa se aburre en su orbe luminoso lo mismo que la romántica contable en su pobre y oscuro ámbito. Ser duquesa es una forma de lo cuotidiano como otra cualquiera.

La verdad es, pues, lo contrario de esa imaginación. No hay ningún horizonte que por sí mismo, por su contenido peculiar, sea especialmente interesante, sino que todo horizonte, sea el que fuere, ancho o estrecho, iluminado o tenebroso, vario o uniforme, puede suscitar su interés. Basta para ello con que nos adaptemos vitalmente a él. La vitalidad es tan generosa que acaba por encontrar en el más sórdido desierto pretextos para enardecerse y vibrar. Viviendo en la gran ciudad no comprendemos cómo puede alentarse en el villorrio. Pero si el azar nos sumerge en él, al cabo de poco tiempo nos sorprendemos apasionados por las pequeñas intrigas del lugar. Acaece como con la belleza femenina a los que van a Fernando Poo; al llegar sienten asco hacia las mujeres indígenas, pero no pasa mucho tiempo

LA NOVELA COMO «VIDA PROVINCIANA»

sin que la repulsión se domestique y acaben por parecer las hembras *bubis* princesas de Westfalia.

Esto es, a mi juicio, de máxima importancia para la novela. La táctica del autor ha de consistir en aislar al lector de su horizonte real y aprisionarlo en un pequeño horizonte hermético e imaginario que es el ámbito interior de la novela. En una palabra, tiene que *apueblarlo,* lograr que se interese por aquella gente que le presenta, la cual, aun cuando fuese la más admirable, no podría colidir con los seres de carne y hueso que rodean al lector y solicitan constantemente su interés. Hacer de cada lector un «provinciano» transitorio es, en mi entender, el gran secreto del novelista. Por eso decía antes que en vez de querer agrandar su horizonte—¿qué horizonte o mundo de novela puede ser más vasto y rico que el más modesto de los efectivos?—ha de tender a contraerlo, a confinarlo. Así y sólo así se interesará por lo que dentro de la novela pase.

Ningún horizonte, repito, es interesante por su materia. Cualquiera lo es por su *forma,* por su forma de horizonte, esto es, de cosmos o mundo completo. El microcosmos y el macrocosmos son igualmente cosmos; sólo se diferencian en el tamaño del radio; mas para el que vive dentro de cada uno, tiene siempre el mismo tamaño absoluto. Recuérdese la hipótesis de Poincaré, que sirvió de incitación a Einstein: «Si nuestro mundo se contrajese y menguase, todo en él nos parecería conservar las mismas dimensiones.»

La relatividad entre horizonte e interés—que todo

horizonte tiene *su* interés —es la ley vital, que en el orden estético hace posible la novela.

De ella se desprenden algunas normas para el género.

HERMETISMO

Observémonos en el momento en que damos fin a la lectura de una gran novela. Nos parece que emergemos de otra existencia, que nos hemos evadido de un mundo incomunicante con el nuestro auténtico. Esta incomunicación es evidente, puesto que no podemos percibir el tránsito. Hace un instante nos hallábamos en Parma con el conde Mosca y la Sanseverina y Clelia y Fabricio; vivíamos con ellos, preocupados de sus vicisitudes, inmersos en el mismo aire, espacio y tiempo que sus personas. Ahora, súbitamente, sin intermisión, nos hallamos en nuestro aposento, en nuestra ciudad y en nuestra fecha; ya comienzan a despertar en torno a nuestros nervios las preocupaciones que nos eran habituales. Hay un intervalo de indecisión, de titubeo. Acaso el brusco aletazo de un recuerdo vuelve de un golpe a sumergirnos en el universo de la novela, y con algún esfuerzo, como braceando en un elemento líquido, tenemos que nadar hasta la orilla de nuestra propia existencia. Si alguien nos mira, entonces descubrirá en nosotros la dilatación de párpados que caracteriza a los náufragos.

Yo llamo novela a la creación literaria que produce este efecto. Ese es el poder mágico, gigantesco, único, glorioso, de este soberano arte moderno. Y la novela que no sepa conseguirlo será una novela mala, cualesquiera sean sus restantes virtudes. ¡Sublime, benigno poder que multiplica nuestra existencia, que nos liberta y pluraliza, que nos enriquece con generosas transmigraciones!

Mas para lograr ese efecto hace falta que el autor sepa primero atraernos al ámbito cerrado que es su novela y luego cortarnos toda retirada, mantenernos en perfecto aislamiento del espacio real que hemos dejado. Lo primero es fácil; cualquiera sugestión nos hará movilizarnos hacia la entrada que el novelista abre ante nosotros. Lo segundo es más difícil. Es menester que el autor construya un recinto hermético, sin agujero ni rendija por los cuales, desde dentro de la novela, entreveamos el horizonte de la realidad. La razón de ello no parece complicada. Si se nos deja comparar el mundo interior del libro con el externo y real, y se nos invita a «vivir», los tamaños, dimensiones, problemas, apasionamientos que en aquél nos son propuestos, menguarán tanto de proporción e intensidad que habrá de desvanecerse todo su prestigio. Fuera como mirar en el jardín un cuadro que represente un jardín. El jardín pintado sólo florece y verdea en el recinto de una habitación, sobre un muro anodino, donde abre el boquete de un mediodía imaginario.

En este sentido me atrevería a decir que sólo es novelista quien posee el don de olvidar él, y de rechazo hacernos olvidar a nosotros, la realidad que deja fuera de su novela. Sea él todo lo «realista» que quiera, es decir, que su microcosmos novelesco esté fabricado con las materias más reales; pero que cuando estemos dentro de él no echemos de menos nada de lo real que quedó extramuros.

Esta es la razón por la cual nace muerta toda novela lastrada con intenciones trascendentales, sean éstas políticas, ideológicas, simbólicas o satíricas. Porque estas actividades son de naturaleza tal, que no pueden ejercitarse ficticiamente, sino que sólo funcionan referidas al horizonte efectivo de cada individuo. Al excitarlas es como si se nos empujase fuera del intramundo virtual de la novela y se nos obligase a mantener vivaz y alerta nuestra comunicación con el orbe absoluto de que nuestra existencia real depende. ¡Cómo voy a interesarme por los destinos imaginarios de los personajes si el autor me obliga a enfrontarme con el crudo problema de mi propio destino político o metafísico! El novelista ha de intentar, por el contrario, anestesiarnos para la realidad, dejando al lector recluso en la hipnosis de una existencia virtual.

Yo encuentro aquí la causa, nunca bien declarada, de la enorme dificultad—tal vez imposibilidad—aneja a la llamada «novela histórica». La pretensión de que el cosmos imaginado posea a la vez autenticidad histórica, mantiene en aquélla una permanente colisión entre dos horizontes. Y como cada horizonte exige una acomodación distinta de nuestro aparato visual, tenemos que cambiar constantemente de actitud; no se deja al lector soñar tranquilo la novela, ni pensar rigorosamente la historia. En cada página vacila, no sabiendo si proyectar el hecho y la figura sobre el horizonte imaginario o sobre el histórico, con lo cual adquiere todo un aire de falsedad y convención. El intento de hacer compenetrarse ambos mundos produce sólo la mutua negación de uno y otro; el autor—nos parece—falsifica la historia aproximándola demasiado, y desvirtúa la novela, alejándola con exceso de nosotros hacia el plano abstracto de la verdad histórica.

El hermetismo no es sino la forma especial que adopta en la novela el imperativo genérico del arte: la intranscendencia. Esto irrita a todas las cabezas confusas y a todas las almas turbias. Pero ¡qué le vamos a hacer si es ley inexorable que cada cosa esté obligada a ser lo que es y a renunciar a ser otra! Hay gentes que quieren serlo todo. ¡No contentos con pretender ser artistas, quieren ser políticos, mandar y dirigir muchedumbres, o quieren ser profetas, administrar la divinidad e imperar sobre las conciencias! Que ellos tengan tan ubérrima pretensión para sus personas no sería ilícito; mas tal ambición les mueve a querer que las cosas contengan también ese multiforme destino. Y esto es lo que parece imposible. Las artes se vengan de todo el que quiere ser con ellas más que artista, haciendo que su obra no llegue siquiera a ser artística. Igualmente la política del poeta se queda siempre en un ingenuo ademán inválido.

Una necesidad puramente estética impone a la novela el hermetismo, la fuerza a ser un orbe obturado a toda realidad eficiente. Y esta condición engendra, entre otras muchas, la consecuencia de que no puede aspirar directamente a ser filosofía, panfleto político, estudio sociológico o prédica moral. No puede ser más que novela, *no puede su interior trascender por sí mismo a nada exterior,* como el ensueño dejaría de serlo en el momento que desde él quisiésemos deslizar nuestro brazo a la dimensión de la vigilia, apresar un objeto real e introducirlo en la esfera mágica de lo que estamos soñando. Nuestro brazo de soñadores es un espectro sin vigor suficiente para sostener un pétalo de rosa. Son ambos universos de tal modo incompenetrables, que el menor contacto de uno con otro aniquila el uno o el otro. De niños fracasábamos siempre que queríamos arriesgar el dedo en el intramundo irisado de la pompa de jabón. El tierno cosmos flotante se anulaba en repentina explosión, dejando sobre el pavimento una lágrima de espuma.

Nada tiene que ver con esto el que una novela, después de vivida en delicioso sonambulismo, suscite secundariamente en nosotros toda suerte de resonancias vitales. El simbolismo del *Quijote* no está en su interior, sino que es construído por nosotros desde fuera, reflexionando sobre nuestra lectura del libro. Las ideas religiosas y políticas de Dostoievsky no tienen dentro del cuerpo novelesco calidad ejecutiva; valen sólo como ficciones del mismo orden que los rostros de los personajes y sus frenéticos apasionamientos.

¡Novelista, mira la puerta del Baptisterio florentino que labró Lorenzo Ghilberti! Allí, en una serie de pequeños recuadros, está casi toda la Creación: hombres, mujeres, animales, frutos, edificios. El escultor no ha pretendido más que complacerse en modelar unas tras otras todas esas formas; aún parece sentirse la estremecida fruición con que la mano insinuaba la curva frontal del carnero apercibido por Abrahan al sacrificio y la mole redonda de la manzana y la escorzada perspectiva del edificio. Del mismo modo, sólo será novelista quien, por encima de todas sus restantes aspiraciones, sienta el delicioso frenesí de contar, de imaginar hombres y mujeres y charlas y pasiones, quien se vierta entero en la forja del cuerpo cóncavo que es la novela, y sin nostalgia alguna de la vida efectiva que abandona fuera, se encierra en su oquedad, gusano del capullo mágico, y goza en pulir el interior de la bóveda para no dejar ningún poro franco al aire y la luz de lo real.

O dicho con otras palabras más sencillas: novelista es el hombre a quien, mientras escribe, le interesa su mundo imaginario más que ningún otro posible. Si no fuera así, si a él no le interesa, ¿cómo va a conseguir que nos interese a nosotros? Divino sonámbulo, el novelista tiene que contaminarnos con su fértil sonambulismo.

LA NOVELA, GÉNERO TUPIDO

Lo que he llamado carácter hermético de la novela se hace patente si comparamos a ésta con el género lírico. Gozamos del lírico milagro viéndolo emerger sobre el fondo de la realidad como el surtidor artificioso sobre el paisaje en torno. El lirismo nace para ser visto desde fuera como la estatua, como el templo de Grecia. No entra en colisión con nuestra realidad, o, mejor dicho, adquiere su gracia peculiar al aparecer contrapuesto a ella, instalando en medio de ella con olímpica inocencia la desnudez de su irrealidad. En cambio, la novela está destinada a ser vista desde su propio interior, que es lo que acontece también con el mundo verdadero, del cual, por inexorable prescripción metafísica, es centro cada individuo en cada momento de su vida. Para gozar novelescamente tenemos que sentirnos rodeados de novela por todas partes, y no cabe situar ésta como un objeto que destaca más o menos entre los demás. Precisamente al ser un género «realista» por excelencia resulta incompatible con la realidad exterior. Para evocar la suya interna necesita desalojar y abolir la circundante.

De esta exigencia se derivan todas las condiciones del género que he señalado: todas se resumen en el hermetismo. Así, el imperativo de autopsia surge inevitablemente de la necesidad en que se halla el novelista de tapar el mundo real con su mundo imaginario. Para que dejemos de ver una cosa, para taparla, tenemos que ver otra, la que tapa. El espectro se caracteriza por no arrojar sombra ni ocultar tras sí un trozo de universo. Ambos síntomas revelan a los entes de ultratumba la realidad de Dante que transita. En vez de definir el personaje o el sentimiento debe, pues, el autor evocarlos, a fin de que su presencia intercepte la visión de nuestro contorno.

Ahora bien, yo no columbro que esto pueda conseguirse de otra manera que mediante una generosa plenitud de detalles. Para aislar al lector no hay otro medio que someterlo a un denso cerco de menudencias claramente intuídas. ¿Qué otra cosa es nuestra vida sino una gigantesca síntesis de nimiedades? El que duda si está soñando no recurre para ratificar su vigilia a ningún síntoma heroico, sino al humilde pellizco. En la novela se trata justamente de soñar el pellizco.

Como siempre acontece que la exageración nos hace caer en la cuenta de la mesura desconocida, la obra de Proust, extralimitando la prolijidad y la nimiedad, nos ha hecho advertir que todas las grandes novelas eran esencialmente minuciosas, aunque con otra medida. Los libros de Cervantes, Stendhal, Dickens, Dostoievsky son, en efecto, del género tupido. Todo en ellos parece lujosamente espumado de una plenitud intuitiva. Hallamos siempre más datos de los que podemos retener, y aun nos queda la impresión de que más allá de los comunicados yacen otros muchos como en potencia. Las máximas novelas son islas de coral formadas por miríadas de minúsculos animales, cuya aparente debilidad detiene los embates marinos.

Esto obliga al novelista a no atacar más temas que aquellos de que posea cuantiosa intuición. Es menester que produzca *ex abundantia*. Donde encuentre que hace pie y se mueve en líquido escaso no acertará nunca.

Hay que aceptar las cosas como son. La novela no es un género ligero, ágil, alado. Debiera haberse entendido como un guiño orientador el hecho de que todas las grandes novelas que hoy preferimos son, desde otro punto de vista, libros un poco pesados. El poeta puede echar a andar con su lira bajo el brazo, pero el novelista necesita movilizarse con una enorme impedimenta, como los circos peregrinos y los pueblos emigrantes. Lleva a cuestas todo el *atrezzo* de un mundo.

DECADENCIA Y PERFECCIÓN

Las condiciones que hasta ahora he mencionado determinan sólo la línea en que comienza la novela y fijan, por decirlo así, el nivel del mar en su continente. Sobre éste se elevan otras condiciones que producen la mayor o menor altitud de la obra.

Los detalles que forman la textura del cuerpo novelesco pueden ser de la más varia calidad. Pueden ser observaciones tópicas, triviales como las que suele usar en la existencia el buen burgués. O bien advertencias de plano más recóndito que sólo se hallan cuando se bucea en el abismo de la vida hasta capas profundas. La calidad del detalle decide del rango que al libro corresponde. El gran novelista desdeñará siempre el primer plano de sus personajes y sumergiéndose en cada uno de ellos tornará apretando en el puño perlas abisales. Mas, por lo mismo, el lector mediocre no le entenderá.

En los comienzos de la evolución del género se diferenciaban menos las buenas de las malas novelas. Como nada estaba dicho, unas y otras tenían que principiar por decir lo obvio y primerizo. Hoy, en la gran hora de su decadencia, las buenas y las malas novelas se diferencian mucho más. Es, pues, ocasión excelente, aunque dificilísima, para conseguir la obra perfecta. Porque fuera un error, que sólo una mente liviana puede cometer, imaginar la sazón de decadencia como desfavorable en todos sentidos. Más bien ha acaecido siempre que las obras de máxima altitud son creación de las decadencias, cuando la experiencia, acumulada en progreso, ha refinado al extremo los nervios creadores. Las decadencias de un género, como de una raza, afectan sólo al tipo medio de las obras y los hombres.

Esta es una de las razones por las cuales yo, que siento bastante pesimismo ante el porvenir inmediato de las artes como de la política universal—no de las ciencias ni de la filosofía—, creo que es la novela una de las pocas labranzas que aún pueden rendir frutos egregios, tal vez más exquisitos que todos los de anteriores cosechas. Como producción genérica correcta, como mina explotable, cabe sospechar que la novela ha concluído. Las grandes venas someras, abiertas a todo esfuerzo laborioso, se han agotado. Pero quedan los filones secretos, las arriesgadas exploraciones en lo profundo, donde, acaso, yacen los cristales mejores. Mas esto es faena para espíritus de rara selección.

La última perfección, que es casi siempre una perfección de la hora última, falta aún a la novela. Ni su forma o estructura ni su material han gozado aún de los definitivos alquitaramientos. Por lo que hace al material, encuentro de algún vigor el siguiente motivo de optimismo.

La materia de la novela es propiamente psicología imaginaria. Esta progresa a la par que sus otras dos hermanas, la psicología científica y la intuición psicológica que usamos en la vida. Ahora bien, en los últimos cincuenta años tal vez nada ha progresado tanto en Europa como el saber de almas. Por vez primera existe una ciencia psicológica, ciertamente que sólo iniciada, pero aun así desconocida de las edades anteriores. Y junto a ella una refinada sensibilidad para adivinar al prójimo y para anatomizar nuestra propia intimidad. Tanta es la sabiduría psicológica hacinada en el espíritu contemporáneo, bien en forma científica, bien en forma espontánea, que a ella, en buena parte, cabe atribuir el fracaso actual de la novela. Autores que ayer parecían excelentes, hoy parecen pueriles, porque el lector es de suyo un psicólogo superior al autor. (¿Quién sabe si el desorden político de Europa, a mi juicio *mucho más profundo y grave de lo que aún se manifiesta,* no obedece a la misma causa? ¿Quién sabe si los Estados de tipo moderno sólo son posibles en etapas de gran torpeza psicológica por parte de los ciudadanos?).

Otro fenómeno pariente es la insatisfacción que sentimos al leer los clásicos de la historia. La psicología empleada por ellos nos parece insuficente, borrosa, en desequilibrio con nuestro apetito, por lo visto más refinado[1].

¿Cómo es posible que este progreso psicológico no sea aprovechado novelesca e históricamente? La humanidad ha satisfecho siempre sus deseos cuando éstos eran claros y concretos. Se puede vaticinar, sin excesivo riesgo, que, aparte la filosofía, las emociones intelectuales más poderosas que el próximo futuro nos reserva vendrán de la historia y la novela.

[1] Sobre esta cuestión en la historia, véase mi libro *Las Atlántidas.*

PSICOLOGÍA IMAGINARIA

Estas notas sobre la novela van mostrando un aire tan resuelto de no acabar nunca, que se hace menester darles fin de una manera violenta. Un paso más sería fatal. Porque hasta aquí se han mantenido en un orden de amplia generalidad, eludiendo toda casuística. Y acontece que en estética, como en moral, los principios genéricos son únicamente la cuadrícula que se traza en vista de la casuística, del análisis más concreto. Donde éste se inicia comienza lo más seductor de la cuestión, pero a la vez se pone la planta en un área sin límites. Conviene, pues, aprovechar el último momento de cordura y detenerse.

Quisiera, sin embargo, añadir a cuanto va sugerido una postrera indicación.

Decía que la materia de la novela es, ante todo, psicología imaginaria. No es fácil en pocas palabras esclarecer completamente lo que esto significa. Se suele creer que lo psicológico obedece exclusivamente a leyes de hecho como las de la física experimental, y que, por tanto, sólo cabe observar y copiar las almas existentes en sus procesos reales. No cabría, pues, imaginar un mundo psíquico, inventar espíritus como se imaginan e inventan cuerpos geométricos. Y, sin embargo, el placer de leer novelas se funda en todo lo contrario.

Cuando el novelista desarrolla un proceso psicológico no pretende que lo aceptemos como una serie de hechos—¿quién nos iba a garantizar su realidad?—, sino que recurre a un poder de evidencia que hay en nosotros, muy parecido al que hace posible la matemática. Y no se diga que el proceso descrito nos parece bien cuando coincide con casos de que en la vida hemos tenido experiencia. Bueno fuera que el novelista estuviese atenido al azar de las experiencias que este o el otro lector ha recogido. Antes recordábamos que una de las atracciones peculiares de Dostoievsky es el exotismo de sus personajes. No parece fácil que un lector de Sevilla haya conocido nunca gentes con el alma tan caótica y turbulenta como los Karamazof. Y, sin embargo, a poco sensible que sea, el mecanismo psíquico de estas almas le parece tan forzoso, tan evidente como el funcionamiento de una demostración geométrica en que se habla de miriágonos jamás entrevistos.

Existe, en efecto, una evidencia *a priori* en psicología como en matemática, y ella permite en ambos órdenes la construcción imaginaria. Donde sólo los hechos conocen ley y no hay una ley de la imaginación es imposible construir. Sería un puro e ilimitado capricho donde nada tendría razón de ser.

Por desconocer esto se supone torpemente que la psicología en la novela es la misma de la realidad y que, por tanto, el autor no puede hacer más que copiar ésta. A tan burdo pensamiento se suele llamar realismo. Lejos de mí la intención de discutir ahora este enrevesado término, que he procurado usar siempre entre comillas para hacerlo sospechoso. Pero nadie dudará de su ineptitud si advierte que no puede ser aplicado a las obras mismas de que se considera extraído. Son los personajes de éstas tan distintos, casi siempre, de los que en nuestro contorno tropezamos que, aun cuando fuesen en efecto seres existentes, no podrán valer como tales para el lector. Las almas de la novela no tienen para qué ser como las reales; basta con que sean posibles. Y esta psicología de espíritus posibles que he llamado imaginaria es la única que importa a este género literario. Que aparte de esto procure la novela dar una interpretación psicológica de tipos y círculos sociales efectivos será un picante más de la obra, pero nada esencial. (Uno de los puntos que dejo intactos fuera mostrar cómo es la novela el género literario que mayor cantidad de elementos ajenos al arte puede contener. *Dentro* de la novela cabe casi todo: ciencia, religión, arenga, sociología, juicios estéticos—con tal que todo ello quede, a la postre, desvirtuado y retenido en el interior del volumen novelesco, sin vigencia ejecutiva y última. Dicho en otra forma: en una novela puede haber toda la sociología que se quiera; pero la novela misma no puede ser sociológica. La dosis de elementos extraños que pueda soportar el libro depende en definitiva del genio que el autor posea para disolverlos en la atmósfera de la novela como tal. La cuestión, como se ve, pertenece ya a la casuística y la aparto de mí con terror.)

Esta posibilidad de construir fauna espiritual es, acaso, el resorte mayor que puede manejar la novela futura. Todo conduce a ello. El interés propio al mecanismo externo de la trama queda hoy, por fuerza, reducido al mínimum. Tanto mejor para centrar la novela en el interés superior que pueda emanar de la mecánica interna de los personajes. No en la invención de «acciones», sino en la invención de almas interesantes veo yo el mejor porvenir del género novelesco.

ENVÍO

Estos son los pensamientos sobre la novela que una alusión de Baroja me ha incitado a formular. Repito que no pretendo con ellos aleccionar a los que sepan de estas cosas más que yo. Es posible que cuanto he dicho sea un puro error. Nada importa si ha servido de incitación para que algunos jóvenes escritores, seriamente preocupados de su arte, se animen a explorar las posibilidades difíciles y subterráneas que aún quedan al viejo destino de la novela.

Pero dudo que encuentren el rastro de tan secretas y profundas venas si antes de ponerse a escribir su novela no sienten, durante un largo rato, pavor. De quien no ha percibido la gravedad de la hora que hoy sesga este género, no puede esperarse nada.